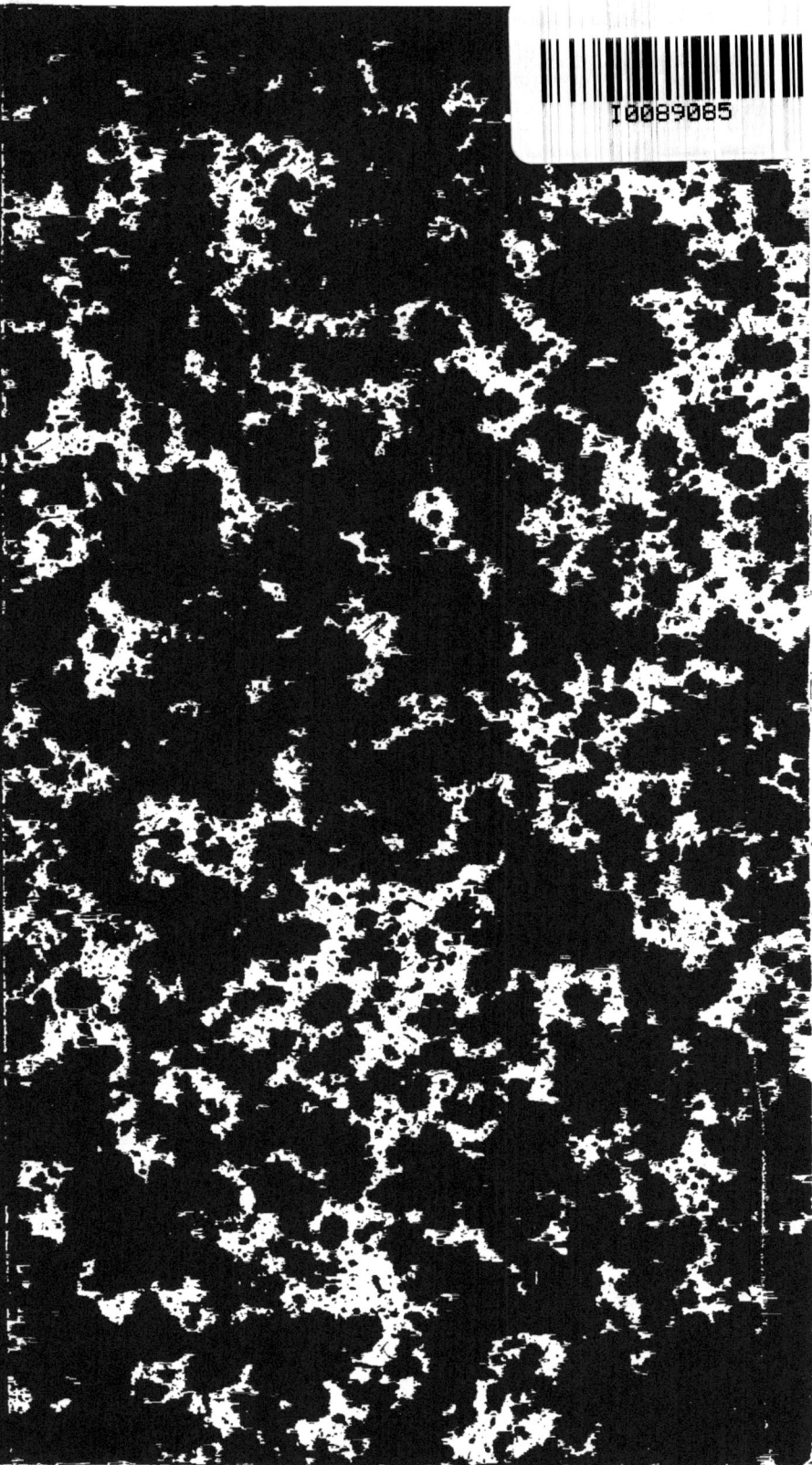

I0089085

PENSÉES

PHILOSOPHIQUES

D'UN

BON RÉPUBLICAIN.

Le droit de manifester ses pensées et ses opinions,
soit par la voie de la presse, soit de toute autre
manière, ... ne peut être interdit. *Art. VII de
la Déclaration des Droits de l'Homme et du Citoyen.*

A AGEN;
L'AN IIe. DE LA RÉPUBLIQUE FRANÇAISE.

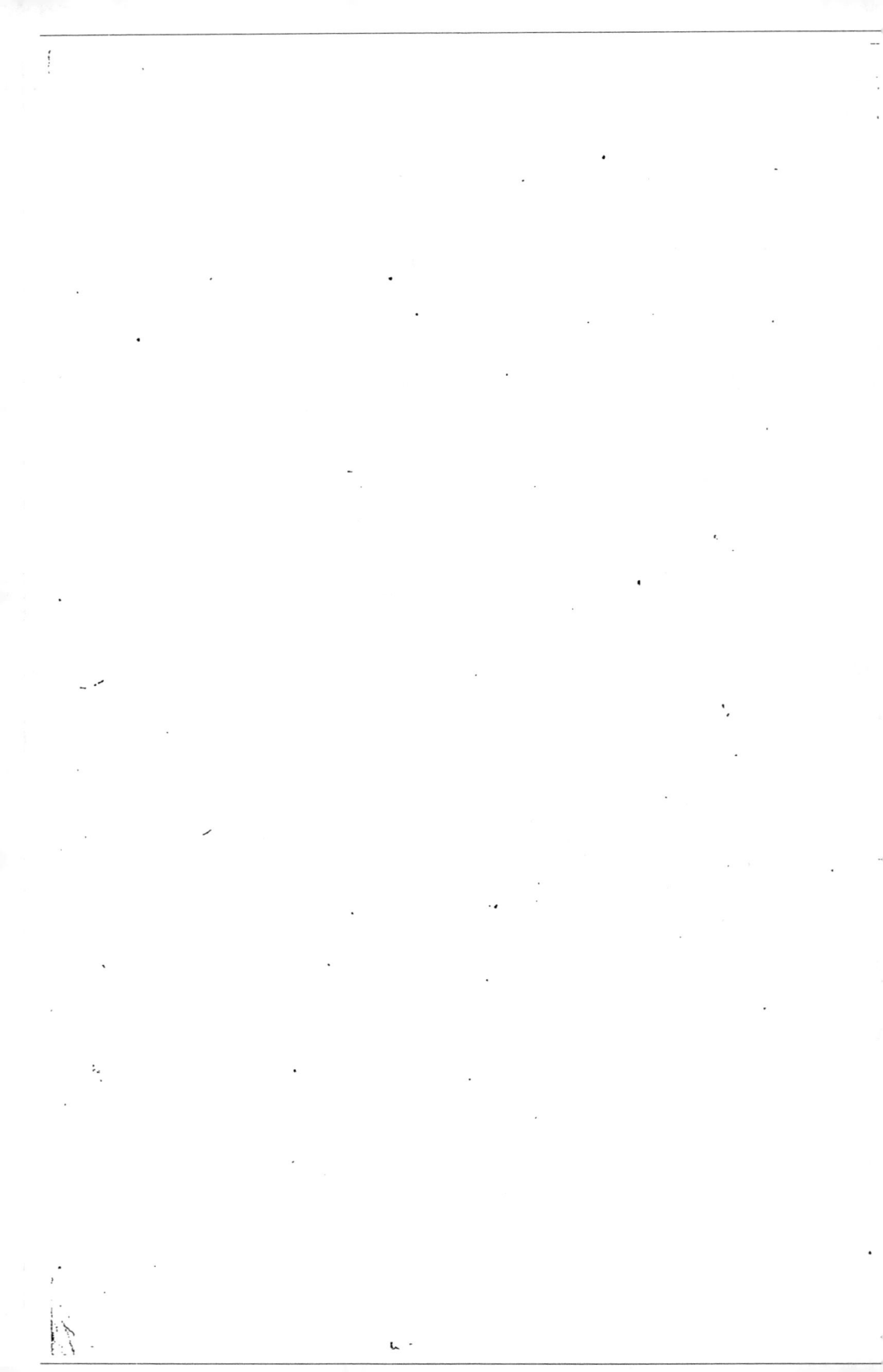

AUX
RÉPUBLICAINS.

MES FRÈRES,

L'ECRIT que je vous présente est le fruit du sentiment et du désir que j'ai de contribuer au bonheur de la République. Si vous le trouvez bon, vous contribuerez à l'améliorer, en me faisant part de vos réflexions, dont je profiterai avec la plus vive reconnoissance. Si vous blâmez quelques-uns de mes principes, vous m'éclaircerez avec candeur et avec l'indulgence que mérite la pureté de mes intentions. J'aime le bien public, et sûrement je ne serai pas sourd à la voix de mes frères, lorsqu'ils me convaincront que j'ai erré.

A 2

N'oublions jamais, FRÈRES ET AMIS, que l'intérêt public veut que nous soyons toujours unis, et que nos vues doivent toujours tendre vers le salut de la patrie. Salus populi suprema lex esto.

Salut et fraternité,

UN BON RÉPUBLICAIN.

N. Cet Ecrit devoit paroître il y a près d'un an, mais j'avois confié le manuscrit à un de mc amis, et j'ai éprouvé des difficultés pour me le faire rendre. J'ai retouché quelque chose sur les observations qui m'ont été faites, ce dont on s'appercevra facilement; et il y a encore beaucoup à faire pour faire de cet Ecrit un code national. J'ai développé mes vues selon mes foibles talens. C'est à ceux qui ont plus de lumières que moi, à écrire pour l'instruction de leurs frères. Dans le temps que le Peuple souverain vient de reconquérir sa liberté, et a besoin par conséquent de rectifier, autant que la raison humaine le permet, son contrat social et le plan de son gouvernement, c'est un crime pour quiconque a des talens, de se taire, parce que c'est marquer une indifférence criminelle pour le bonheur et le salut de sa patrie.

AVERTISSEMENT.

J'ai rédigé quelques réflexions que j'ai faites sur le droit public, dans le cours de mes lectures. J'en fais part au Public.

Je ne prétends pas que mes idées soient toutes bonnes; mais il est toujours avantageux, que chaque Citoyen communique au Public le fruit de ses méditations. Le résultat des diverses lumières peut préparer les meilleures lois qui doivent gouverner un Peuple libre. Ce n'est point au moment que les lois doivent être faites, qu'il faut écrire. Les bons Citoyens doivent préparer l'opinion publique, éclairer le Peuple souverain. En attendant que la République ait perfectionné ses lois, on doit religieusement se soumettre aux lois existantes. C'est le seul moyen de prévenir la guerre civile, de maintenir la République, et d'améliorer son sort à l'avenir. *Salus Populi suprema lex esto.*

A 3

Quelqu'un me dira peut-être : *Ton ouvrage est prématuré ; il falloit attendre que la paix permît au Peuple d'améliorer sa Constitution.*

Je réponds d'avance que la paix n'est pas aussi éloignée que quelques-uns peuvent le penser. Les tyrans coalisés vont faire, pendant cette campagne, leurs derniers efforts ; mais ils ne tarderont pas à s'appercevoir qu'un peuple libre est véritablement invincible. Ils craindront, avec raison, qu'une plus grande opiniâtreté fasse révolter leurs peuples, et ils reconnoîtront la République Française. Le gouvernement révolutionnaire doit prendre fin dès que la Patrie cessera d'être en danger. Aussitôt le Peuple devra s'occuper du soin d'améliorer sa Constitution et son Gouvernement, afin d'établir sur des bases inébranlables sa liberté, cet héritage inappréciable qui aura couté tant de sang, et causé tant de peines. L'opinion publique ne se forme pas dans un jour. Il faut du temps , avant que chaque Citoyen soit instruit des moyens de consolider sa liberté ; et cependant , puisque c'est la volonté générale qui fait la loi , il faut que chaque Citoyen soit réellement instruit de ses devoirs. Car si le Peuple s'en rapporte à quelques-uns de ses membres pour veiller à ses intérêts, il ne tardera pas à être victime de sa sécurité , et à être opprimé. Pour que la Liberté s'affermisse réellement et soit établie sur des bases inébranlables , il faut que chaque citoyen s'instruise de ce qui intéresse la société, et que les différentes sections du Peuple dictent la loi des assemblées des cités ; de manière que les différens députés que ces assemblées nomment , ne fassent que recueillir la volonté générale du Peuple dans les divers procès - verbaux , et la proclament ensuite , ainsi que je le dirai par la suite. Il est donc instant d'éclairer le Peuple, pour que dans les assemblées primaires de cités qui auront lieu dès que la République sera reconnue, il fasse lui-même les lois qu'il croira propres à le bien gouverner. Il me semble, par conséquent, que tous les bons citoyens doivent s'empresser de publier le fruit de leurs veilles, pour contribuer au bien de la société.

PENSÉES

PHILOSOPHIQUES

D'UN

BON RÉPUBLICAIN.

1.

L'HOMME est né libre : la nature ne l'a pas soumis à son semblable. Il faut une longue altération de sentimens et d'idées, pour qu'on puisse se résoudre à prendre son semblable pour maître, et se flatter qu'on s'en trouvera bien.

2.

La loi du plus fort est toujours la meilleure, parce que la prudence veut que le plus foible, qui n'a aucun moyen de résistance, subisse la loi du plus fort, pour ne pas exposer sa vie sans nécessité ; mais comme c'est un acte de nécessité et non un devoir, dès que la force cesse, et qu'on peut impunément se soustraire à l'oppression, l'homme recouvre sa liberté et ses droits.

3.

Obéissez aux puissances, parce que toute puissance vient de Dieu. Cela ne veut pas dire, cédez à la force ; mais ce précepte de morale est applicable à tout gouvernement. L'intérêt public veut que tant qu'un gouvernement existe, les citoyens en particulier se soumettent aux lois établies. Si chaque citoyen avoit le droit de troubler le gouvernement à sa fantaisie, la société seroit perpétuellement troublée, et il en résulteroit les plus funestes effets pour le bien de tous.

4.

Les hommes unis en société sont forcés de se donner des lois qui assurent la tranquillité générale, et conservent à chaque individu l'exercice de sa liberté autant qu'elle n'est pas opposée à l'intérêt général. Alors chaque individu met en commun sa personne et toute sa fortune, sous la suprême direction générale, et chaque membre devient une partie indivisible du tout. Le peuple qui forme la société, est le seul souverain. C'est à lui à changer et modifier ses lois suivant que l'intérêt de tous le demande.

5.

Un peuple ne peut pas aliéner sa liberté et

se donner un maître. Renoncer à sa liberté, c'est renoncer à la qualité d'homme, aux droits de l'humanité. C'est une convention vaine et contradictoire de stipuler d'une part une autorité absolue, et de l'autre, une obéissance sans bornes. Comme il n'y a nul dédommagement possible pour quiconque renonce à tout, on ne peut pas supposer qu'un peuple entier ait fait cette renonciation ; ce seroit un pacte insensé, et la folie ne fait pas un droit. Mais, peut-on supposer un pareil pacte? il n'obligeroit pas les descendans de ceux qui l'auroient fait. Ils ne s'y soumettroient qu'autant qu'ils le voudroient, ou qu'ils n'auroient pas la force de secouer le joug. Ils naissent hommes, et par conséquent libres. Leur liberté leur appartient ; nul n'a droit d'en disposer qu'eux-mêmes. Avant que les enfans soient en âge de raison, le père peut, en leur nom, stipuler des conditions pour leur conservation, pour leur bien être ; mais non les donner irrévocablement et sans condition : un tel don est contraire aux fins de la nature, et passe les droits de la paternité. Il faudroit donc, pour qu'un gouvernement arbitraire fût légitime, qu'à chaque génération le peuple fût le maître de l'admettre ou de le rejetter, et dèslors ce gouvernement ne seroit plus arbitraire.

6.

Le droit de conquête ne peut pas fonder l'assujettissement de la nation conquise. Ce n'est que le droit du plus fort, [*Note* I.ere] qui

cesse dès que la nation conquise a la force
de recouvrer sa liberté.

7.

Les hommes réunis en société ont bien des
avantages au-dessus de l'état dont ils jouiroient,
s'ils vivoient isolés et jouissoient en entier
de leur liberté naturelle. Cette association
substitue une égalité morale et politique, à ce
que la nature avoit pu mettre d'inégalité physique entre les hommes; inégaux en force ou
en génie, ils deviennent tous égaux par convention et de droit. On ne peut offenser un
des membres, sans attaquer le corps; encore
moins offenser le corps, sans que les membres
s'en ressentent. Ainsi le devoir et l'intérêt
obligent également les citoyens et la société
à s'entre-aider mutuellement, et les mêmes
hommes doivent chercher à réunir, sous ce
double rapport, tous les avantages qui en dépendent.

8.

Le peuple souverain n'étant formé que des
particuliers qui le composent, n'a ni ne peut
avoir aucun intérêt contraire au leur, parce
qu'alors il détruiroit le corps politique, et
feroit cesser l'acte d'association. Par conséquent, la puissance souveraine n'a nul besoin
de garant envers les sujets. La volonté générale des sujets garantit son action. Mais il
est nécessaire de lois fidélement exécutées,
qui garantissent la fidélité des sujets envers

le souverain. En effet, chaque individu peut, comme homme, avoir une volonté particulière, contraire à la volonté générale qu'il a comme citoyen. Son intérêt particulier peut lui parler tout autrement que l'intérêt commun : l'égoïsme peut lui faire envisager ce qu'il doit à la cause commune, comme une contribution gratuite, dont la perte est moins nuisible aux autres que le payement n'en est onéreux pour lui ; et regardant la personne morale qui constitue l'Etat comme un être de raison, parce que ce n'est pas véritablement un homme, il jouiroit des droits du citoyen, sans vouloir remplir les devoirs qui assurent, à chaque membre du souverain, l'intégrité de ses droits, relativement à la société ; ce qui seroit une injustice dont le progrès causeroit la ruine du corps politique. Il faut donc que l'acte d'association renferme cet engagement, qui seul peut donner de la force aux autres, que quiconque refusera d'obéir à la volonté générale, y sera contraint par tout le corps. Loin de faire tort aux individus qui méconnoîtroient la liberté sociale, on ne fait que les forcer d'être véritablement libres : car telle est la condition qui donnant chaque citoyen à la patrie, le garantit de toute dépendance personnelle.

9.

La volonté générale peut seule diriger les forces et les revenus de l'Etat, selon la fin de son institution, qui est le bien commun ; car si l'opposition des intérêts particuliers a rendu nécessaire l'établissement des sociétés, c'est l'accord même de ces intérêts qui l'a rendu possible. S'il n'y avoit pas quelque point dans lequel tous les intérêts s'accordassent et s'unissent, nulle société ne pourroit exister. Or, c'est uniquement sur cet intérêt commun que la société doit être gouvernée.

10.

La souveraineté n'étant que l'exercice de la volonté générale, ne peut jamais s'aliéner ; et le souverain, qui n'est qu'un être collectif, ne peut être représenté que par lui-même ; le pouvoir peut se transmettre suivant que le peuple souverain le croit utile pour le bien général, mais la volonté ne peut pas recevoir la moindre altération, et le peuple souverain peut se ressaisir du pouvoir, lorsque l'intérêt public l'exige.

11.

Par la même raison que la souveraineté est inaliénable, elle est indivisible. La volonté générale déclarée fait loi, et chaque individu de la société est obligé de s'y conformer. Si la souveraineté se divisoit, il arriveroit souvent que l'individu auquel on en auroit accordé une partie, contrarieroit la volonté générale, et alors le gouvernement deviendroit arbitraire et détruiroit l'acte d'association.

12.

Pour qu'une volonté soit générale, il ne

faut pas qu'elle soit unanime ; autrement il arriveroit souvent qu'on ne pourroit pas obtenir un assentiment universel , à moins que de massacrer les opposans , comme faisoient les Polonois , qui pour faire passer le décret de la Diète , fendoient la tête de celui qui s'obstinoit à maintenir son opposition ; ce qui seroit un état de guerre très-opposé à l'intérêt public. Il faut donc que dans les assemblées du peuple , les objets soient librement discutés ; et ce que la grande majorité adopte, doit passer pour la volonté générale , et faire loi.

13.

La volonté générale est toujours droite , et tend toujours à l'utilité publique ; mais il ne s'en suit pas que les délibérations du peuple ayent toujours la même rectitude. On veut toujours son bien , mais on ne le voit pas toujours ; jamais on ne corrompt le peuple , mais souvent on le trompe, et c'est alors seulement qu'il paroît vouloir ce qui est opposé aux intérêts de la société. Que faut-il faire, même dans ce cas ? L'intérêt public veut que les particuliers s'assujettissent à ces délibérations comme à la volonté générale. S'il en étoit autrement , la portion du peuple qui voit plus sainement, se trouveroit en guerre avec la majorité, et il en résulteroit une guerre civile, qui est le plus grand de tous les maux. Les hommes sages doivent alors gémir sur l'aveuglement du peuple, tâcher de l'éclairer par la raison , et attendre, avec soumission , que le peuple souverain , mieux

instruit, reconnoisse son erreur, et par une
volonté libre change la loi.

14.

Le peuple souverain n'ayant d'autre force
que la puissance législative, et les lois n'étant
que des actes authentiques de la volonté générale, le souverain ne peut agir que quand
le peuple est assemblé. Mais une grande nation ne peut pas s'assembler toute entière dans
le même lieu. En conséquence, chaque cité doit
faire une assemblée particulière, ou même plusieurs, suivant que la population de la cité
l'exige, afin d'éviter la confusion et le désordre. On discute les matières dans chaque
assemblée particulière, et on arrête le vœu de
l'assemblée sur l'objet proposé. On élit des
députés pour représenter la cité à l'Assemblée
générale de la Nation. Les députés des diverses cités s'assemblent, et après avoir recueilli
le vœu de chaque cité, proclament le vœu de
la volonté générale du peuple souverain. Cette
proclamation fait la loi à laquelle chaque membre du peuple souverain est obligé de se soumettre. [*Note* 2.ᵉ]

C.

15.

La souveraineté ne peut être représentée,
par la même raison qu'elle ne peut être aliénée. [*Note* 3.ᵉ] Elle consiste essentiellement
dans la volonté générale d'un peuple libre, et
la volonté ne se représente point. Toute loi que
le peuple en personne n'a point ratifiée, est

nulle ;

nulle ; ce n'est point une loi. Si les délégués du peuple s'écartoient du vœu général dans la proclamation de la volonté générale, le peuple souverain , en examinant , dans de nouvelles assemblées de cités ; si ses délégués ont proclamé la volonté de tous, [*Note* 4.e] anéantiroit cet acte d'usurpation de la part de ses délégués , et en nommeroit d'autres qui fussent plus fidelles à leurs mandemens.

16.

Un peuple à toujours le droit de revoir et de changer les lois fondamentales qu'il s'est données , ou sa constitution. Une génération ne peut pas assujettir les générations futures à ses lois , parce que les générations futures, aussi libres que leurs pères , ont leur volonté, et que la volonté du peuple souverain doit seule faire la loi. [*Note* 5.e].

17.

Ce n'est point par les lois que l'Etat subsiste, c'est par le pouvoir législatif, qui en est l'ame. La loi d'hier n'oblige pas aujourd'hui ; mais le consentement tacite est présumé du silence, et le peuple souverain est censé confirmer incessamment les lois qu'il n'abroge pas , pouvant le faire. Tout ce qu'il a déclaré vouloir une fois, il le veut toujours, à moins qu'il ne le révoque.

18.

Si la constitution de l'Etat ne plaît pas à

quelques-uns des membres qui le composent, chacun d'eux peut, lorsque l'Etat est tranquille, renoncer à l'Etat dont il est membre, et reprendre sa liberté naturelle et ses biens en sortant du pays ; mais il ne peut pas faire cette renonciation, si la patrie, étant en danger, a besoin de ses services : alors ce seroit éluder son devoir ; la fuite seroit criminelle et punissable ; ce ne seroit plus une retraite, mais une véritable désertion.

19.

Tout système de législation, digne d'un peuple libre, doit tendre au plus grand bien de tous. Il se réduit à deux objets principaux, *la liberté* et *l'égalité*. On a vu, par les maximes ci-dessus, en quoi consiste la vraie *liberté* civile. La *liberté* consiste à faire, à l'ombre de la loi, tout ce qu'elle ne défend pas ; elle est l'inverse de la licence, qui n'est autre chose que l'audace d'employer la force contre le foible, de violer impunément les lois, et de faire à autrui ce qu'on ne voudroit pas qu'on nous fît. Sa limite morale est dans cette maxime que la loi naturelle a gravée dans tous les cœurs : *Ne fais pas à autrui ce que tu ne veux pas que l'on te fasse. La liberté* civile garantit, à chaque membre de l'Etat, la sûreté de sa personne et la propriété de ses biens. Par l'*égalité*, [*Note* 6.e] il ne faut pas entendre que les degrés de puissance et de richesse soient absolument les mêmes ; cela est impossible, et si l'on fesoit une division égale des fortunes entre les citoyens, ils se-

roient tous pauvres ; et les uns par paresse,
d'autres par prodigalité et insouciance, ne
tarderoient pas à être dépouillés par ceux qui
seroient économes et industrieux. Mais on
doit entendre par l'*égalité*, que tous les hommes sont égaux par la nature et devant la loi;
de manière que le riche ne paroisse pas opprimer le pauvre, ni le fort opprimer le foible. La puissance ne doit être exercée qu'en
vertu des lois, et par ceux que le peuple souverain a commis pour les faire exécuter. Tous
les citoyens sont également admissibles aux
emplois publics. Les hommes libres ne con-
noissent d'autres motifs de préférence dans
leurs élections, que les vertus et les talens.

20.

La loi n'étant que la déclaration de la volonté générale, nous avons dit que dans la
puissance législative le peuple souverain ne peut
pas être représenté ; mais il doit l'être dans la
puissance exécutive, parce qu'il est évident
que le peuple ne peut pas faire exécuter la loi.
Les citoyens étant tous égaux par le pacte social, ce que chacun doit faire, tous peuvent
le prescrire ; au lieu que nul n'a droit d'exiger
qu'un autre fasse ce qu'il ne fait pas lui-même.
Or, c'est proprement ce droit, indispensable
pour faire vivre et mouvoir le corps politique,
que le peuple souverain donne à celui ou ceux
qu'il charge de faire exécuter les lois, et de
maintenir la tranquillité dans l'état.

21.

Les dépositaires de la puissance exécutrice ne sont point les maîtres du peuple souverain, mais ses officiers ; il peut les établir et les destituer quand il lui plaît ; il n'est point question pour eux de contracter, mais d'obéir : en se chargeant des fonctions que l'état leur impose, ils ne font que remplir leur devoir de citoyens, sans avoir, en aucune sorte, le droit de disputer sur les conditions.

22.

Il doit se former à des époques convenues, et qui n'aient pas besoin de convocation formelle, des assemblées primaires de cités, qui ont pour objet principal le maintien de l'association des membres du peuple souverain. On doit y traiter séparément ces trois propositions, et elles doivent passer séparément par les suffrages. La première est : *s'il plaît au peuple souverain de conserver la présente forme du gouvernement ?* La seconde : *s'il plaît au peuple d'en laisser l'administration à ceux qui en sont actuellement chargés ?* La troisième : *si le peuple veut changer le pouvoir exécutif, à qui veut-il le confier ?* On doit du reste procéder dans ces assemblées primaires de cité, comme il a été dit ci-dessus pour la faction de la loi fondamentale de l'état; et les députés des diverses cités doivent proclamer ceux à qui la volonté générale confie le pouvoir exécutif.

23.

Ceux qui sont chargés du pouvoir exécutif, se déclarent ouvertement infracteurs des lois et ennemis de l'état, s'ils empêchent les assemblées périodiques qui ont pour objet le maintien du pacte social. Si le peuple veut conserver sa souveraineté, il doit les punir comme tels.

24.

Le pouvoir exécutif a droit de nommer les agens subalternes qu'il emploie, parce qu'étant chargé de l'administration générale, il seroit perpétuellement entravé dans sa marche, si les agens subalternes n'étoient pas à sa disposition, et dès lors il auroit des prétextes pour éluder la responsabilité à laquelle il est tenu envers le peuple souverain : d'un autre côté, si les agens subalternes n'étoient pas dans la main du pouvoir exécutif, l'unité du gouvernement cesseroit, et la machine politique se décomposeroit insensiblement ; mais le pouvoir exécutif ayant la nomination des agens subalternes, il doit répondre de leur conduite, à moins qu'il ne les ait livrés aux tribunaux en cas de prévarication.

25.

Les membres des administrations des divers départemens que le peuple souverain croit devoir établir, même les tribunaux de justice, doivent être librement élus par les administrés, suivant le mode qu'il plaît au peuple souverain d'adopter ; mais les administrateurs et les juges doivent compte de leurs opérations au pouvoir exécutif, qui peut les livrer aux tribunaux en cas de prévarication ; et le pouvoir exécutif doit lui-même compte de ses actions au peuple souverain, qui doit prononcer sur son sort en cas d'infidélité, et, par un exemple sévère, apprendre qu'on ne manque pas au peuple impunément. Le peuple doit exercer cet acte de justice dans les asemblées primaires, prescrites par l'article 22 ; et quand le vœu du peuple a été proclamé par les députés des diverses cités, le pouvoir exécutif qui succède, fait mettre à exécution le vœu du peuple contre les prévaricateurs qui ont abusé de sa confiance.

26.

La république doit être une et indivisible, parce que s'il se formoit autant de républiques qu'il y a de départemens, la société politique seroit bientôt détruite, et la liberté publique s'évanouiroit ; il suffit, en effet, de connoître un peu le cœur humain pour être convaincu que diverses républiques qui différeroient essentiellement entre elles par le caractère des habitans, ne tarderoient pas à concevoir des jalousies et des animosités qui détruiroient entre elles tous liens et toute association ; au lieu que ne faisant qu'une seule république, les divers départemens sont retenus par l'unité du gouvernement. Il est donc du bien de tous de maintenir l'unité et l'indivisibilité de la république.

27.

Le droit que le pacte social donne au souverain sur les sujets , ne passe point les bornes de l'utilité publique. Les sujets ne doivent donc compte au souverain de leurs opinions, qu'autant que ces opinions importent à la société. Or , il importe bien à l'état que chaque citoyen ait une religion qui lui fasse aimer ses devoirs ; mais les dogmes de cette religion n'intéressent ni l'état , ni ses membres , qu'autant que ces dogmes se rapportent à la morale et aux devoirs que celui qui les professe est tenu de remplir envers autrui. Une religion qui défendroit d'obéir aux lois de l'état , et qui tendroit à anéantir la liberté et l'égalité , devroit être proscrite. Si la religion ne le faisoit pas, et que les ministres d'une religion prêchassent la révolte contre la loi , ils devroient être punis comme criminels de lèze-nation. Chacun peut avoir au surplus·telles opinions qu'il lui plaît , sans qu'il appartienne au souverain d'en connoître : car , comme le souverain n'a point de compétence dans l'autre monde , quel que soit le sort des sujets dans la vie à venir , ce n'est point son affaire , pourvu qu'ils soient bons citoyens dans celle-ci.

28.

Il y a une profession de foi purement civile, dont il appartient au souverain de fixer les articles , non pas précisément comme dogmes de religion , mais comme des sentimens de socia-

B 4

bilité, sans lesquels il est impossible d'être bon
citoyen ni sujet fidèle.

29.

Les dogmes de la religion civile (*Note* 7ᵉ.)
doivent être simples, en petit nombre, qui n'aient
besoin ni d'explication ni de commentaire ; l'existence de la divinité , puissante, intelligente ,
bienfaisante , prévoyante et pourvoyante , la
vie à venir , le bonheur des justes , le châtiment des méchans , la sainteté du contrat
social qui consiste dans *la liberté* et *l'égalité* ,
et l'obligation de défendre de tout son pouvoir
la répnblique une et indivisible.

30.

Le droit de manifester sa pensée et ses opinions , soit par voie de la presse , soit de toute
autre manière , le droit de s'assembler paisible-
ment , le libre exercice des cultes , ne peuvent
être interdits.

31.

Les lois d'un peuple libre doivent rappeller
sans cesse l'homme à la compassion, à l'humanité que la nature inspire et que la tyrannie
étouffe.

32.

La licence , dans un peuple véritablement
libre , est souvent moins fondée sur la mé-

chanceté que sur l'oubli ou le mépris de soi-même. Il faut donc que les sages rappellent souvent les hommes à eux-mêmes, leur fassent connoître la dignité de l'homme, et leur fassent sentir quel est le prix de la liberté. Il faut les convaincre qu'ils doivent s'estimer assez pour réparer leurs fautes.

33.

Envers les coupables, la sagesse doit éclater jusques dans la punition du crime : les peines doivent être tirées de la nature de la chose ; la honte, la contrainte de se soustraire aux regards des hommes, l'infamie publique et l'expulsion de la cité ou de la société entière, suivant les cas, doivent suffire pour punir les crimes, et ne peuvent que produire un effet admirable chez un peuple libre. Les châtimens ne doivent tendre qu'à faire des exemples ; et, dès que la société est vengée, l'excès de la peine n'est qu'une barbarie atroce.

34.

Dans l'état de nature, l'homme a droit de punir de mort son semblable, s'il n'a pas d'autre moyen d'assurer sa tranquillité contre un injuste agresseur. (*Note* 8e.) Par la même raison, la république a droit de punir de mort ceux qui veulent détruire le corps politique, s'ils sont assez puissans pour qu'on ne puisse procurer la tranquillité à l'état qu'en leur ôtant la vie.

35.

Une fraude palliée sous un prétexte spé-
cieux , est plus criminelle qu'une violence ouverte : l'une n'est fondée que sur notre propre
force , et il est possible d'y résister ; l'autre n'a
pour base que la trahison et la perfidie , qui
sont les fléaux de la société.

36.

Dans un état libre , il doit être permis de
reprocher aux malhonnêtes gens les crimes et
les fautes dont ils se sont souillés (*Note* 9e.).
Aussi les romains vouloient-ils que la vérité de
l'injure déchargeât de la peine celui qui l'avoit
proférée. *Leg. Eum qui 18 , ff. de injur.* Tout
ce qui tend à faire connoître les coupables est
effectivement utile , parce que dans un état
libre l'homme démasqué n'est guères dangereux;
les citoyens se méfient de lui , et il ne peut
plus aspirer aux places, qui ne doivent être que
la récompense des vertus et des talens.

37.

Cette liberté ne doit être arrêtée que par une
conduite qui rétablisse le coupable dans ses
premiers droits ; alors un jugement légal et
authentique doit défendre de rappeller aucune
de ses actions passées. Le bien et le mal se
compensant et se mettant, pour ainsi dire, en
équilibre , cet instant doit être considéré comme le premier de l'existence de celui qui autrefois avoit offensé la société.

38.

Celui qui pouvant sauver un homme attaqué, ne l'aura pas fait, doit être condamné pour le reste de ses jours aux travaux les plus vils : il est permis de lui reprocher son inhumanité, parce qu'il s'est rendu coupable envers la société entière, en laissant périr un de ses frères. Garantir ce mauvais citoyen de l'opprobre, ce seroit protéger le crime. Si on ne peut sauver le malheureux, il faut au moins dénoncer l'auteur de la violence. Ceux qui manquent à ce devoir, doivent être punis comme complices du crime. Par ce moyen les citoyens seront à la garde les uns des autres, et tout le corps sera uni contre les méchans.

39.

Le parjure doit être puni de la peine la plus sévère, parce que ce crime attaque en même temps Dieu et les hommes. C'est un mépris de la majesté divine dont on atteste le nom par un faux serment : c'est un attentat contre le lien le plus ferme de la société humaine, la sincérité et la bonne foi.

40.

Dans un état libre, aussitôt qu'un citoyen est mort, on devroit le traduire en jugement. Tout accusateur devroit être écouté; il pourroit produire contre le défunt autant de témoins qu'il jugeroit à propos. Mais on devroit établir

un homme public , dont l'intégrité fût universellement connue , pour prendre la défense du
mort et à la requête de qui se feroit une enquête
sur sa conduite. S'il étoit prouvé qu'elle eût
été mauvaise , indigne d'un bon citoyen , les
juges établis à cet effet condamneroient sa mémoire. Pour rendre plus éclatante la honte à
laquelle on voueroit le coupable, son jugement
seroit transcrit en caractères inéfaçables à la
porte de tous les lieux publics. **Au** contraire ,
on l'enseveliroit avec honneur, s'il avoit bien
vécu ; et procédant à la cérémonie de l'inhu-
mation , l'officier public feroit l'éloge des qualités que le jugement des magistrats du peuple
auroit accordées au mort. Mais les louanges
qu'on lui donneroit ne seroient jamais relatives
qu'au mérite personnel : on ne loueroit que sa
piété envers dieu , son dévouement à la patrie,
sa justice et sa bonté à l'égard des hommes , sa
douceur , sa retenue , et les autres vertus qui
(*Note* 10ᵉ.) sont le partage de l'homme de bien.

41.

Cette cérémonie affecteroit beaucoup le peuple. Il admireroit le pouvoir des lois qui s'étend
sur l'homme au-delà de son trépas. Chacun
craindroit de déshonorer sa mémoire , et de ne
pas laisser à sa famille une bonne réputation.
L'opprobre devenant éternel, on le redouteroit
plus que tous les autres malheurs de la vie. Il
ne peut y avoir que des monstres qui soient in-
sensibles à l'estime des races futures. La consolation d'un homme libre est de laisser son
nom en estime parmi les hommes : c'est de tous

les biens terrestres le seul que la mort ne peut lui ravir.

42.

Heureuses les contrées où les sentimens que la nature inspire n'ont pas été étouffés ! le mal n'y est que passager , et l'humanité rappelle sans cesse les hommes à la justice.

43.

L'homme n'est jamais plus libre que lorsqu'il obéit aux lois , et n'obéit qu'à elles seules. (NOTE 11e.) La raison doit dicter les lois sur l'utilité publique.

44.

La justice consiste à écouter les sentimens de la nature. Le malheur des hommes a presque toujours sa source dans le mépris que l'on en fait.

45.

L'homme libre doit écouter la raison , et la justice doit toujours accompagner ses actions.

46.

L'ambition est le tyran de la plupart des hommes. Chez un peuple libre on doit donc rejetter les ambitieux.

47.

L'amour n'est pas l'ennemi du courage, et la

vraie sensibilité n'est guères connue que des
ames honnêtes.

48.

La vie de l'homme vertueux est si douce ,
elle a tant de charmes, qu'il faut être insensé
pour suivre d'autres principes. Quand même la
méchanceté étouffe les remords , elle n'est jamais sans appréhension cruelle. Une vie vertueuse est la seule tranquille. La vertu seule
fait supporter la vie à ceux qui sont malheureux. C'est par ce moyen que l'homme se rapproche de la divinité. L'homme juste et vertueux s'élève au-dessus de tous les coups de la
fortune. L'innocence qui succombe ne voudroit
pas être à la place du tyran qui l'opprime; tant
il est vrai que la véritable vertu a une satis-
faction intérieure pour compagne , qui lui est
une plus douce récompense que la fortune ,
le rang et le crédit.

49.

Les Athéniens avoient remporté une victoire
signalée sur les Lacédémoniens ; mais une vio-
lente tempête ne permit pas aux généraux de
la flotte victorieuse de pouvoir enterrer leurs
morts. De retour à Athènes , ils furent accusés
devant le peuple , et on leur fit un crime de
cette omission. Socrate présidoit ce jour-là dans
le conseil des Prytanes , qui étoit appellé par
distinction le sénat des cinq cents : il étoit
chargé de l'administration des affaires publiques. La méchanceté de quelques hommes
puissans , l'hypocrisie des prêtres , la bassesse

des orateurs et la vénalité des sophistes s'étoient réunies pour exciter le zèle aveugle du peuple contre ces généreux défenseurs de l'état. Le peuple demanda à grands cris leur condamnation : une partie du sénat étoit infatuée de cette opinion populaire, et le reste n'avoit pas assez de courage pour s'opposer à l'impétuosité de ce torrent dont la source sembloit être sacrée (N^e. 12e.) Tous consentirent au supplice de ces infortunés, qui, loin de mériter la mort, devoient obtenir des autels. Le divin Socrate eut seul la noble fermeté de défendre leur innocence. Il méprisa, et les menaces des gens puissans, et la faveur du peuple irrité ; il se rangea seul du côté de l'innocence opprimée, prêt à tout souffrir plutôt que de consentir à une injustice aussi criante. Mais tous les efforts qu'il fit p ɛ les sauver, furent inutiles. Il eut le ɛ   ɡɪ? de voir que le zèle aveugle l'emporta, et que la république se fit à elle-même l'injure de sacrifier ses plus braves défenseurs à un préjugé chimérique. Le sage de la Grèce a donné un grand exemple de vertu à tous ceux qui savent apprécier la liberté.

50.

L'année suivante, les Athéniens furent totalement battus par les Lacédémoniens : leur flotte fut détruite, leur capitale assiégée et réduite à une telle extrémité, qu'ils furent obligés de se rendre à discrétion. La disette des généraux expérimentés du côté des Athéniens qui avoient sacrifié les leurs, ne contribua pas peu à cette défaite. C'est ainsi que la providence divine dispose la punition des crimes publics. Cet exemple apprend à un peuple libre , qu'il doit toujours écouter la raison et ne pas devenir l'esclave des passions des intrigans.

511

La félicité du genre humain étoit l'objet des études du divin Socrate ! Dès qu'un préjugé ou une superstition donnoient occasion à des abus manifestes , à la violation des droits de l'humanité , à la corruption des mœurs , etc., il les combattoit avec force , et ni les menaces , ni la persécution , n'étoient capables de l'arrêter. Tel doit être le véritable républicain.

[*Note* 1.ere, *page* 11.]

Le droit du plus fort ne peut pas être un véritable droit. La force et le droit sont des idées de si différente nature, que la force peut tout aussi peu engendrer un droit, que le droit une force. Un droit d'un côté, sans une obligation de l'autre, auroit besoin d'être décidé par la force : et cela même est absurde. Si les père et mère ont le droit parfait d'exiger de l'obéissance de leurs enfans, ceux-ci de leur côté doivent être obligés d'obéir. Si les enfans, tant qu'ils ne peuvent eux-mêmes se procurer leur subsistance, sont en droit de la demander à leurs parens, ceux-ci doivent être dans l'obligation de la leur donner. Le droit imparfait ne peut supposer qu'une obligation imparfaite. Quiconque n'est pas étranger dans les élémens du droit naturel, ne peut pas douter de la vérité de ces assertions.

[*Note* 2.e, *page* 16.]

On m'a conseillé de supprimer cet article, comme ne contenant aucune idée neuve, puisqu'il a été exécuté et même dépassé. Mais il y a des objets qui entrent nécessairement dans l'exécution d'un plan, et qui ne doivent pas être omis. Il me semble que cet article doit être rangé dans cette classe.

[*Note* 3.e, *page* 16.]

Un bon Républicain, à qui j'ai communiqué mon manuscrit, a fait sur cette maxime l'observation suivante : « Selon moi, c'est un paradoxe, dans le principe, que *la* » *souveraineté ne peut être représentée, par la même raison* » *qu'elle ne peut être aliénée.* Il me semble que la sou- » veraineté du peuple peut être représentée, sans qu'elle » puisse pour cela être aliénée ; car si la volonté géné- » rale d'un peuple libre ne pouvoit se représenter, il

C

» seroit alors inutile qu'il nommât des délégués ; et dans
» cette hypothèse, il seroit donc obligé de se trouver en
» personne et collectivement dans le lieu de l'assemblée ;
» ce qui est impossible. Sa volonté doit nécessairement
» être représentée ; mais si ses mandataires s'écartent de
» son vœu, il peut néanmoins anéantir ou révoquer les
» lois qu'ils auroient proclamées contre sa volonté, et en
» demander de nouvelles. »

Je réponds que ma maxime n'est pas applicable à un
temps de révolution comme celui où nous vivons. Dans
un temps aussi difficile, le peuple ne pouvant rester
assemblé pour maintenir la liberté dont il s'est ressaisi,
il faut bien qu'il ait des délégués qui le représentent,
fassent exécuter sa volonté, et donnent les lois que les
circonstances peuvent exiger. Mais si la République étoit
reconnue par les autres puissances, et si l'État étoit tranquille, il est certain qu'alors il ne faudroit ni délégués,
ni représentans du peuple. L'idée des Représentans est
moderne : elle nous vient du gouvernement féodal, de cet
inique et absurde gouvernement dans lequel l'espèce humaine est dégradée, et dont les Français se sont heureusement délivrés. La République Romaine n'eut jamais
de Représentans : les Tribuns, dont l'autorité étoit si
sacrée, n'imaginèrent pas qu'ils pussent usurper les fonctions du peuple, et ne tentèrent jamais de passer de leur
chef un seul plébiscite. Dans le déclin de cette République, le pouvoir législatif fut usurpé par ceux qui gou-
vernèrent en son nom, et elle tomba d'abord sous la tyrannie de plusieurs, et finalement sous celle d'un seul.
Les députés du peuple, dans le temps où l'État est tranquille, et où l'on s'occupe du soin d'améliorer ses lois,
ne sont donc, ni ne peuvent être ses Représentans ; ils
ne sont que ses commissaires ; ils ne peuvent rien conclure définitivement ; ils doivent se borner à recueillir,
dans les mandats qui leur sont donnés, la volonté générale du peuple souverain, et la proclamer. C'est le seul
moyen de conserver la liberté du peuple dans son intégrité. Je puis me tromper ; mais c'est mon avis. Je trouve
qu'il est dangereux de donner à des mandataires le droit
de faire des lois. C'est, selon moi, un des principaux
vices du gouvernement Anglois. Sitôt que les membres
du Parlement d'Angleterre sont élus, le peuple devient
esclave ; il n'est plus rien.

[*Note* 4.ᵉ , *page* 17.]

Par conséquent, dès que le pouvoir exécutif a fait passer à chaque section du peuple la loi qui a été proclamée par les députés , avec les procès-verbaux des diverses sections qui contenoient leurs vœux, chaque section doit s'assembler pour examiner si les délégués du peuple ont été fidelles ou non à leurs mandats. Cette précaution me paroît d'une plus grande conséquence qu'on ne le pense peut-être communément. Le peuple doit toujours veiller au maintien de sa liberté , et ne doit confier qu'à lui-même le soin de faire ses lois.

[*Note* 5.ᵉ , *page* 17.]

Locke sentit cette vérité , lorsqu'il fit des lois pour la Pensilvanie ; il en borna la durée à cent ans. Mais, d'un côté, Locke crut que les lois qu'il avoit faites étoient meilleures qu'elles n'étoient ; et d'un autre côté, il ne sentit pas que donner à un peuple des lois qui ne pourroient être changées qu'après le terme de cent ans, c'étoit contrarier essentiellement la liberté du peuple , et le rendre l'esclave de la volonté de la génération passée. Ce n'est pas dans les premiers momens qu'un peuple a reconquis sa liberté, qu'il peut avoir des lois parfaites. Elles ne peuvent être que le fruit de l'expérience et de la réflexion.

[*Note* 6.ᵉ , *page* 18]

Il y a encore , 1°. l'égalité physique , qui est impossible , d'après les lois éternelles de la nature , et par la différence qu'il y a dans les individus, dont les uns naissent robustes et les autres foibles ; 2°. l'égalité morale , qui n'est pas moins impossible , puisqu'il existe toujours des vices et des vertus , des sots et des gens instruits, des sages et des fous.

[*Note* 7.ᵉ , *page* 24.]

L'immortel Rousseau parle de la *religion* purement

C 2

civile dans son *contrat social*, *chap* VIII ; et le plan qu'il propose est à peu près celui que j'ai adopté comme propre à maintenir l'ordre social. Mais ce philosophe, qui a d'ailleurs bien mérité du genre humain par les principes d'une sage politique qu'il a établis, séduit par le feu de l'enthousiasme, a avancé sur le fonds de la religion civile des paradoxes révoltans qui tendent à rendre cette religion civile absolument insuffisante pour consolider le contrat social et réunir tous les hommes à préférer à tout l'intérêt public et le salut de la patrie.

Voici textuellement ce que Rousseau dit à cet égard :
« Il y a donc une profession de foi purement civile,
» dont il appartient au souverain de fixer les articles,
» non pas précisément comme dogmes de religion, mais
» comme des sentimens de sociabilité, sans lesquels il est
» impossible d'être bon citoyen ni sujet fidelle *Sans pou-*
» *voir obliger personne à les croire*, il peut bannir de
» l'état quiconque ne les croit pas ; il peut le bannir,
» non comme impie, mais comme insociable, comme
» incapable d'aimer sincèrement les lois de la justice, et
» d'immoler au besoin sa vie à son devoir. Que si quel-
» qu'un après avoir reconnu publiquement ces mêmes
» dogmes, se conduit comme ne les croyant pas, qu'il
» soit puni de mort ; il a commis le plus grand des
» crimes, il a menti devant les lois ».

Mais qu'est-ce donc que des sentimens de sociabilité qui ne sont pas crus, *qu'on ne peut obliger à croire*, et qui méritent pourtant qu'on punisse de la peine la plus rigoureuse ceux qui ne sont pas assez hypocrites pour faire semblant de les croire ? Sont-ils capables de per-suader à un citoyen qu'il doit s'immoler à la prospérit de l'état, au salut de la patrie ? Il peut se faire que dans un état il se trouve des êtres romanesques, doués d'une telle trempe d'ame et du désir de faire parler d'ux, et d'acquérir une vaine gloire, qui n'agissent pas conséquem-ment à leurs principes et qui fassent le sacrifice de leur vie pour y parvenir : Erostrate brûla bien le temple d'Ephèse pour s'immortaliser par le crime ! Mais, lorsqu'un peuple ne sera pas convaincu qu'il y a une vie à venir, que les justes seront récompensés et les méchans seront punis, très-rarememt se trouvera-t-il des citoyens disposés à sa-crifier leur ie pour le bien de la patrie. Si après moi tout périt ; dans ma croyance, si je n'ai rien à craindre ou à

espérer que je fasse le bien ou le mal , peu m'importe que la république soit florissante ou ne le soit pas , si elle ne peut l'être qu'aux dépens de mon bonheur ; qu'elle aille comme elle voudra lorsque je ne serai plus , je n'ai qu'à me conduire assez prudemment pour que les lois civiles n'ayent pas de prise sur moi ; mais je serois bien fou de sacrifier mon existence , le seul bien que je connoisse , pour les races futures. L'existence présente est tellement pour moi le souverain bien , que la vie la plus douloureuse est infiniment préférable à la mort, comme à l'anéantissement total de mon être , auquel toute créature ordinaire répugne. L'honneur et la réputation ne sont que des ombres qui disparoissent , lorsqu'il est question de mettre avec elles en comparaison la vie qui , dans cette hypothèse , est le seul bien réel. Le salut de mes enfans , de mes amis , de ma patrie , et même le salut de tout le genre humain , ne sont rien à mes yeux , lorsque pour les procurer il faut que je sacrifie ma vie qui est pour moi le seul bien dont je puisse jouir , et par conséquent le seul bien précieux et désirable. Je suis bien fou d'aimer autre chose plus que moi-même , si, loin qu'il en puisse résulter pour moi quelque bien , il n'en peut résulter qu'un mal réel. Si, au contraire , je crois à une vie à venir , à la récompense des justes et au châtiment des méchans , alors je dois me dire : « Tu n'es ici bas que pour tendre à la
» perfection en faisant le bien : tu dois donc le faire même
» aux dépens de ta vie. La tyrannie menace-t-elle la patrie
» de sa ruine , la justice est-elle en danger d'être violée ,
» la vertu d'être opprimée , et la vérité persécutée , je
» dois faire de la vie l'usage pour lequel elle m'a été
» donnée ; je dois mourir pour conserver au genre humain
» ces précieux moyens de la félicité publique. Le mérite
» d'avoir fait le bien avec tant de résignation , donne à
» mon être un prix infini et à la fois d'une durée infinie.
» Dès que la mort me donne ce que la vie ne peut donner,
» il est de mon devoir , et c'est ma vocation, de mourir
» d'une manière conforme à ma destination. La vie n'a
» de prix et ne peut entrer en comparaison avec d'autres
» biens , que quand je la considère comme un moyen qui
» doit me conduire à la félicité. Mais si avec la vie je
» dois perdre aussi mon existence pour toujours , elle
» cesse d'être un moyen : elle est la seule fin et le dernier
» but de mes souhaits : elle est le souverain bien où je

» puisse aspirer, que je puisse rechercher, que je doive
» aimer et désirer pour lui-même, puisque, lorsque je
» ne serai plus, tout est absolument fini pour moi. Aucun
» bien au monde ne peut être comparé à la vie, et encore
» moins doit lui être préféré, puisqu'alors la vie l'emporte,
» par son importance, sur toutes les autres considéra-
» tions ».

Qu'on ôte du cœur et de l'esprit du peuple l'espérance
d'une vie future dans laquelle les justes seront récompensés et les méchans seront punis, il ne lui reste donc plus rien
qui puisse le diriger dans ses actions vers la félicité publique. Alors la raison dictera à des ambitieux, tels que
les premiers Empereurs qui subjuguèrent les Romains,
qu'ils peuvent se procurer des honneurs et de la puissance
par toutes sortes de moyens ; à des avares, que tout
moyen est bon pour se procurer des richesses ; à des vo-
luptueux, qu'ils peuvent se livrer à tous leurs penchans,
même déshonorer la couche de leur père ou de leurs fils,
etc. Il ne s'agira que de se conduire avec tant de prudence, qu'on ne puisse pas être atteint par les lois coerci-
tives. L'esprit public se détruira insensiblement : tout
tombera à la fin dans le désordre et la confusion : la liberté
qui aura coûté tant de sang et tant de peines pour la reconquérir, disparoîtra, et nous retomberons sous le despotisme du premier, qui, comme César, aura assez de
talens et d'adresse pour nous subjuguer. La raison est un
don de Dieu qui doit servir à éclairer les hommes ; mais
cette raison est un phantôme qui séduit au lieu d'éclairer,
si elle n'est pas dirigée par la perspective d'une vie à venir
qui promette une félicité éternelle à ceux qui pendant
cette vie seront justes et vertueux, qui préféreront l'intérêt public au leur, et qui seront assez généreux pour
sacrifier même leur vie dans la vue d'assurer le salut public. Je l'ai démontré, à ce que je pense, et il seroit
facile d'accumuler encore de nouvelles preuves de cette
vérité. (On peut les voir dans un ouvrage intitulé : *Phédon,
ou entretiens sur la spiritualité et l'immortalité de l'ame,
par Moses Mendels-Sohn, juif, à Berlin*, in - 8.°,
imprimé à Paris en 1772. Le commun des hommes méprise les juifs et tout ce qui sort de leurs mains, parce
que, dans le fond, c'est une nation très-singulière ; mais,
comme la vérité est une, le sage la recherche par tout
où il la trouve. Le philosophe juif fait parler le divin

Socrate , s'entretenant avec ses disciples le jour même qu'il devoit mourir , en exécution du jugement injuste et barbare que le *sénat Héliléen* avoit rendu contre lui. Son ouvrage est très-solide ; il est écrit avec la force et l'honnêteté que la vertu inspire).

Il importe donc essentiellement à la république , même à tout gouvernement qui veut se perpétuer et devenir florissant , que tous les citoyens croient fermement les dogmes de la religion civile , qui , par leur caractère de vérité , doivent être universellement reconnus par toutes les nations qui veulent vivre en société , et par conséquent doivent faire partie des dogmes de toute religion sociable.

Il est donc bien évident que la religion civile de Rousseau , *que personne n'est obligé de croire* , n'est pas suffisante pour maintenir l'ordre social. Car si le peuple se persuade que tout périt en rendant le dernier souffle dans cette vie, la vie présente est pour l'homme le souverain bien. Il peut par conséquent , et doit même , agissant suivant son principe , chercher la prolongation de ses jours , comme la seule félicité dont il puisse jouir , fût-ce même dans la ruine de sa patrie. Dans cette supposition , tout mortel a un droit bien décidé de bouleverser le monde entier , s'il le peut impunément , pour se procurer ce qu'il regarde comme sa félicité , son souverain bien ; ou si la conservation de sa vie peut résulter de la destruction générale.

Ces conséquences font frémir , il est vrai ; mais elles n'en sont pas moins vraies , dans la fausse supposition que tout périt après nous, et par conséquent que la vie est le souverain bien. D'où toute personne raisonnable doit conclure qu'une opinion qui , par les conséquences les mieux liées , nous conduit à des idées si incohérentes et si insoutenables , à des idées destructives de tout ordre social , est nécessairement fausse et doit être proscrite par toute société. Le genre humain étant appelé à la société, comme chacun des individus qui la composent est appelé à la félicité, qui consite à se procurer le souverain bien ; par une conséquence contraire, toute doctrine qui tend à cette fin d'une manière générale , sûre et constante, est nécessairement vraie, et quiconque ne la croit pas , doit être puni comme impie et mauvais citoyen.

Malgré son enthousiasme , Rousseau lui-même a senti ces vérités. *Sans pouvoir* , dit-il , *obliger personne à*

C 4

croire les dogmes de la religion civile , le souverain peut bannir de l'état quiconque ne les croit pas ; il peut le bannir , non comme impie , mais comme insociable , comme incapable d'aimer sincérement les lois de la justice et d'immoler sa vie à son devoir. Que si quelqu'un , ajoute-t-il , après avoir reconnu publiquement ces mêmes dogmes , se conduit comme ne les croyant pas , qu'il soit puni de mort ; il a commis le plus grand des crimes, il a menti devant les lois.

Il est bien affligeant que des hommes nés pour l'instruction du genre humain , se livrent à des paradoxes, au lieu de n'écouter que la raison qui dicte aux hommes ce qui peut leur être utile. Comment le souverain peut-il bannir de l'état des citoyens qui ne croient pas des dogmes, qu'il ne peut point les obliger à croire? Quoi ! Rousseau, tu veux qu'un citoyen mente devant les lois en feignant de reconnoître publiquement un dogme qu'il ne croit pas , et qu'on ne peut pas même l'obliger de croire , et qu'on le punisse de mort s'il se conduit comme ne le croyant, parce qu'il a menti devant les lois ? On le puniroit donc de la contradiction de la loi. Ce principe est absurde et contradictoire. N'eût-il même d'autre inconvénient que de faire des hypocrites , il doit être rejetté , parce qu'il importe à la république que les hommes soient francs et sincères : sans la sincérité , point de vertu ; il n'y a plus que fourberie et hypocrisie. L'ordre social veut donc que tous les citoyens croient réellement tout ce qui tend à le maintenir , parce qu'il est nécessairement vrai ; et que sans cette croyance les hommes ne sont plus capables de remplir leur devoir , la justice et la vertu n'étant plus que des êtres fantastiques. Il veut que les lois répriment ces esprits altiers , qui, par leurs paradoxes, cherchent à faire perdre dans l'opinion publique toute idée de justice et d'injustice , de vertu et de vice ; il veut qu'on proscrive absolument toute opinion qui tend à détruire la société , et c'est la seule intolérance qui soit permise , parce qu'on doit sentir qu'il est contradictoire que les lois veillent au maintien de la société et qu'elles tolèrent des opinions qui tendent à la détruire. Pour ce qui est des autres opinions , des systèmes de religion qui ne sont pas diamétralement opposés à l'ordre social , il doit être permis à chacun de croire ce qu'il veut : c'est son affaire. Le peuple souverain n'a rien à voir sur les consciences : il n'a droit que de veiller' au maintien de la société. Les hommes , quelle que soit leur croyance , ne doivent jamais oublier qu'ils sont frères ; ils doivent s'aimer , se supporter mutuellement, et compatir réciproquement aux foiblesses les uns des autres.

N. B. J'ai donné quelque étendue à cette note , à cause de l'importance de son objet. L'espérance d'une vie future où l'homme juste sera récompensé , peut seule inspirer la vertu , et la vertu peut seule affermir la république.

(Note 8e. page 25.)

Le droit de punir une offense , qu'on peut regarder comme le droit du ressentiment , ce droit de punir par l'infliction des peines physiques , a lieu même dans l'état de nature , et n'est point du tout fondé , comme le prétendent certains penseurs , sur le contrat social ; il n'est pas moins indépendant du droit de propriété. Car l'homme , considéré dans l'état de nature , est obligé de prendre soin de sa conservation , de son bien-être , de sa perfection ; il a donc le droit de se servir de tous les moyens louables qui tendent à assurer son bonheur ; il peut donc empêcher les autres de le gêner dans l'exercice de ce droit. Il peut donc , en cas d'offense , employer le ressentiment ou la punition , pour en prévenir la continuation ; mais la punition doit être proportionnée à l'offense , sur-tout à la probabilité qu'elle suffira pour nous mettre à l'abri des insultes futures. Donc l'homme dans l'état de nature , a le droit de punir de mort , s'il n'a point d'autre voie d'assurer sa tranquillité contre un injuste agresseur. Si quelqu'un , dans l'état de nature , renverse ma cabane , trouble mon eau , ou me jette des pierres , j'ai le droit de le punir , quoique le droit de propriété ne soit pas encore établi et qu'il n'y ait point de contrat social entre nous. Chaque état , et c'est ce que personne ne peut contester , a le droit de punir un étranger qui l'offense , quoiqu'il n'y ait point de contrat social entre lui et cet état. Les états sont entr'eux dans l'état de nature , et ne laissent pas de s'accorder réciproquement le droit de punir.

(*Note* 9.e , *page* 26.)

Le quatrième jour de la fin de chaque année républicaine est la fête de l'*opinion*. Il sera sans doute employé à la censure pour l'amélioration des mœurs, Mais les véritables républicains ne doivent pas oublier qu'ils sont tous frères , et que s'ils doivent mutuellement se reprendre avec franchise , ils doivent ne pas s'écarter des devoirs de la charité , à moins qu'un citoyen ne se fût rendu coupable de quelque délit grave : alors la simple censure ne seroit pas suffisante ; il faudroit dénoncer le coupable à l'accusateur public.

(*Note* 10.e , *page* 28.)

J'ai vu des gens dire froidement que *la vertu* n'est qu'un vain mot , puisque les mêmes actions sont crimes ou vertus selon les lieux et selon les temps. Par exemple , lorsqu'en 1756 des Suédois , plus attachés au roi qu'aux nouvelles lois de la patrie , conspirèrent contre le sénat en faveur du monarque , la conjuration ayant été découverte , ce qui dans un état purement monarchique auroit passé pour une action vertueuse , fut regardé comme une trahison infâme dans un pays devenu libre , et en conséquence les conjurés furent justement punis de mort. Mais ceux qui raisonnent ainsi veulent se faire illusion ou n'ont aucune idée du vice et de la vertu. La véritable vertu consiste à obéir aux lois de son pays , et quiconque trouble l'ordre établi , est criminel. Il n'est qu'un seul cas où il est permis de bouleverser, si l'on peut, le gouvernement , c'est lorsque le peuple est las de la tyrannie de celui à qui il avoit confié le droit de faire mettre les lois à exécution , et de maintenir l'ordre dans la société. Alors l'insurrection est pour le peuple et pour chaque portion du peuple , le plus sacré et le plus indispensable des devoirs , parce qu'il s'agit de recouvrer la liberté du peuple que la nation n'avoit pu ni voulu aliéner, parce que le salut du peuple qui est toujours la première

loi , veut qu'on le délivre de l'oppression et fasse cesser
la tyrannie. Si le tyran a la force en main et se saisit des
conjurés , il les fera périr ; mais il ne les fera pas périr
justement : cet acte de cruauté ne sera qu'une suite de
sa tyrannie. Le seul coupable est le tyran qui a envahi les
droits du peuple, et qui l'écrase. Lorsque au contraire, dans
une monarchie, le pouvoir du monarque , quoique usurpé
sur le peuple, ne tend par des lois sages et un gouvernement juste et modéré , qu'à faire le bonheur du peuple et
à assurer la prospérité de l'état , et que le peuple est véritablement heureux ; celui qui chercheroit à troubler cette
harmonie , seroit véritablement criminel , parce qu'il
priveroit le peuple d'un bonheur réel, pour lui faire courir
le hasard de tomber sous un empire tyrannique , et que
la première loi est le salut du peuple. Or, le salut du peuple se trouve dans un gouvernement qui , quoique usurpé,
fait réellement le bonheur du peuple et assure la prospérité de l'état. Tant que ce gouvernement ira de même , il
faut le laisser subsister, pour ne pas ensanglanter la terre et
faire des millions de malheureux. Ce n'est que dans le cas
où ce gouvernement , dirigé par des mains barbares , dé-
généreroit en tyrannie , qu'il est permis de faire tous les
efforts possibles pour abattre le tyran et recouvrer la
liberté du peuple : encore la prudence qui doit diriger
toutes les actions des hommes véritablement vertueux ,
veut-elle qu'on n'éclate que lorsqu'on peut espérer de
réussir ; autrement ce seroit une témérité qui seroit criminelle par les suites fâcheuses qu'elle entraîneroit. Ces
principes seront toujours ceux que la raison dictera , et
donneront dans tous les temps une idée saine de la vertu
et de ce qui constitue le crime selon les lieux et les temps ,
indépendamment du caprice des hommes.

(NOTE 11.e , page 29.)

Les ennemis du divin Socrate , les Sophistes, les Prêtres
et les Orateurs , trouvèrent enfin l'occasion tant attendue
de le persécuter avec succès , et enfin de le faire mourir.
Anytus , Mélitus et Lycon , sont les noms à jamais exé-
crables de ceux qui prêtèrent leur ministère à l'exécution
de ce noir dessein. Ils répandirent parmi le peuple la ca-

lomnie la plus atroce ; ils publièrent que c'étoit de Socrate que Critias avoit appris les principes de tyrannie,
qu'il avoit récemment pratiquée avec une cruauté inouie.
Quiconque connoît la crédulité et l'inconstance du peuple,
ne sera pas étonné que les Athéniens aient prêté l'oreille
à une fausseté si manifeste, quoique tout le monde sût
que Socrate s'étoit opposé de tout son pouvoir aux desseins des tyrans. Lorsque les calomniateurs crurent avoir
suffisamment préparé le peuple par des bruits envénimés,
Anytus porta contre Socrate une accusation en forme aux
magistrats de la ville, qui la firent aussi-tôt parvenir à
la connoissance du peuple. Ils convoquèrent le sénat
H liéen, et le nombre des citoyens qui devoient décider
de cette affaire, fut déterminé par le sort, suivant
l'usage. L'accusation étoit conçue en ces termes : *Socrate
contrevient aux loix, 1°. parce qu'il ne respecte pas les
dieux d'Athènes et qu'il veut introduire une nouvelle
divinité ; 2°. parce qu'il corrompt la jeunesse, en lui
inspirant du mépris pour tout ce qui est saint.* Au jour
fixé pour l'examen du procès, parurent Anytus, Melitus
et Lycon ; le premier pour les poëtes, le second pour
les Prêtres, et le troisième pour les orateurs. Il mon-
tèrent successivement en chaire et prononcèrent les discours les plus capables d'en imposer au peuple par les
plus artificieuses calomnies. Socrate y monta à son tour :
sans trembler, sans prétendre, suivant l'usage de ces
temps, exciter la pitié des juges par un aspect lamenta-
ble, mais avec l'air assuré qui convenoit à sa sagesse. Il
fit une harangue simple et sans art, mais mâle et très-
pathétique, dans laquelle il réfuta, sans amertume, toutes
les calomnies et tous les faux bruits qu'on avoit répandus
à son désavantage, confondit ses accusateurs, et montra
dans leurs accusations même des contradictions et des
absurdités. Cependant Socrate, a la pluralité de trente-
trois voix, fut déclaré coupable et condamné à mort.
Criton, l'un des amis de Socrate, lui découvrit qu'il
avoit gagné les gardes et pris toutes les mesures nécessaires pour le faire évader de sa prison pendant la nuit,
et qu'il dépendoit de lui de se soustraire à une mort ignominieuse. Criton s'efforça même de lui prouver qu'il étoit
de son devoir de se sauver et d'empêcher les Athéniens
de verser un sang innocent. Mais Socrate s'y refusa ab-

solument. Il répondit que s'il sortoit d'Athenes sans le
consentement de la république , il pourroit faire tort
à quelques citoyens , peut-être à ceux qui ne le méritoient
pas ; et que , d'ailleurs , il devoit se soumettre tranquil-
lement à ce trait d'injustice , plutôt que de contribuer au
renversement des lois de sa patrie , qui , quoiqu'alors mal
appliquées , doivent être , lorsque l'équité préside à leur
exécution , regardées comme dépendantes de celles qui
ont été primitivement établies par le juge infaillible de la
terre. Voyez l'entretien intéressant de Socrate avec
Criton, dans les *entretiens sur la spiritualité et l'immortalité de l'ame* , par *Moses Mendels - Sohn* , *juif* , *à
Berlin.* Le sage de la Grèce a donné aux hommes libres
un grand exemple de l'amour pour la patrie et de la soumission qu'on doit aux lois.

(Note 12e. *page 31.*)

C'étoit parmi les Grecs une superstition affermie par une
longue tradition , que les ombres des morts , privés de
sépulture , erroient sans relâche , l'espace de cent ans ,
sur les rives du styx , avant d'être passées.

AVIS AU PUBLIC.

J'AI communiqué les *maximes* suivantes à un de mes amis, et son suffrage m'a décidé à les faire imprimer. Voici ce qu'il m'a écrit :

« J'ai lu attentivement les *maximes* de
» ton manuscrit ; elles l'exigent : ce qui
» m'en plaît, c'est qu'elles sont écrites
» avec liberté et dignes de former le cœur
» des républicains. Tu as su adapter
» ingénieusement aux traits de l'histoire,
» des sentences morales qui les rendent
» plus frappans ; mais il en peut cepen-
» dant résulter un grand inconvénient,
» celui de la prolixité. Tu sais beaucoup
» mieux que moi, Citoyen, que les
» *maximes* n'exigent point des raisonne-
» mens étendus ; car, dans ce genre
» d'instruction, il faut, je crois, que

» la pensée soit une et simple comme la
» vérité qu'elle renferme ; que tout soit
» substantiel , autant qu'il est possible.
» Au reste , j'en ai remarqué un grand
» nombre qui ont ce mérite ; et , sans
» flatterie , tes maximes sont saines et
» sur-tout de *circonstance* : on peut même
» avancer , sans prévention , qu'elles
» sont pour la plupart faites à retenir
» comme celles de Larochefoucauld. Il
» sembloit avoir tout dit sur les points
» de morale ; mais la philosophie a
» changé depuis cet homme célèbre , et
» il appartient encore à des hommes de-
» venus libres , de courir la même car-
» rière avec quelque succès »......

MAXIMES.

I.

La loi naturelle n'est point une invention de l'esprit humain , ni un établissement arbitraire que les peuples aient fait , mais l'expression de la raison éternelle qui gouverne l'univers. L'outrage que Tarquin fit à Lucrèce , n'en étoit pas moins un crime, parce qu'il n'y avoit point encore à Rome de loi écrite contre ces sortes de violences. Tarquin pêcha contre la loi naturelle qui étoit loi dans tous les temps, et non pas seulement depuis l'instant qu'elle a été écrite. Son origine est aussi ancienne que l'esprit divin. Car la véritable , la primitive et la principale loi , n'est autre chose que la souveraine raison que Dieu a imprimée dans le cœur des hommes.

2.

La loi naturelle est la première religion de tous les hommes ; c'est l'ordre éternel et immuable qui doit servir de règle à toutes nos actions : ses préceptes sont écrits dans nos

cœurs

cœurs en caractères si beaux , et avec des ex-
pressions si lumineuses, qu'il n'est pas possible
de les méconnoître. Si nos passions nous les
cachent , elles ne les effacent jamais , parce
qu'ils sont ineffaçables ; et pour le prouver ,
il ne faut que jetter les yeux sur un homme
qui transgresse volontairement l'un de ces préceptes dans quelque occasion importante : il
avouera , s'il est sincère , qu'il a senti qu'il
agissoit contre ses propres principes , contre
les lumières de la raison , et il ne pourra pas
dissimuler qu'il étoit en proie à de secrets
remords ; celui, au contraire , qui a eu la force
de résister à la tentation d'insulter à la loi naturelle , dira qu'il a eu une secrète joie de
l'avoir fait.

3.

C'est par la loi naturelle que nous discernons
le bien d'avec le mal. Elle nous dit qu'il faut
croire qu'il y a un Dieu qui récompense les
justes et punit les méchans (*Note* 1.ere), qu'il
faut aimer sa patrie jusqu'à répandre son sang
pour la sauver , qu'il faut honorer son père
et sa mère, avoir soin de ses enfans, s'abstenir
de tuer , de dérober , de rendre de faux témoi-
gnages ; en un mot , elle nous enseigne qu'il
ne faut pas faire à autrui, ce que nous ne voudrions pas qu'on nous fît à nous-mêmes , et
qu'il faut faire pour les autres ce que nous
voudrions qu'on fît pour nous.

D

4.

S'il n'est pas commun aux hommes de dis-
cerner, par principes, ce qui peut servir de ce
qui peut nuire, c'est donc parce qu'ils ne
veulent pas avoir toujours présens les principes
de la loi naturelle. L'exemple des autres est
l'école du plus grand nombre. De là vient qu'il
y a si peu d'hommes vertueux et que les choses
vont si mal. Si un peuple libre n'est pas vertueux, il mérite des chaînes, parce qu'il court
lui-même au-devant de la servitude.

5.

Consulter pour savoir si l'on peut commettre
une action qui répugne à la droiture, c'est
déjà se rendre prévaricateur. L'homme juste et
vertueux ne consulte que le cri de sa conscience.

6.

La raison et la justice sont plus fortes que les
armes mêmes : leur éternelle puissance a des
droits imprescriptibles sur le cœur des hommes,
quand on sait les faire valoir.

7.

La vertu seule fait supporter la vie à ceux
qui sont malheureux. C'est par ce moyen que
l'homme se rapproche de la divinité.

8.

Les vertus factices font souvent plus d'impression que les vertus naturelles. Elles s'affichent, au lieu que la véritable vertu est modeste et ne cherche point à s'attirer les regards du peuple. On doit être en garde contre ces vertus factices, parce qu'elles cachent des desseins ambitieux dans le cœur des hypocrites qui prennent ainsi le masque de la vertu.

9.

Le devoir doit l'emporter sur la crainte du supplice même.

10.

Les hommes en devenant libres, deviennent citoyens et maîtres de leur vie, de leur état et de leur fortune, tandis qu'auparavant ils n'étoient que de vils esclaves; le jouet du caprice de leurs semblables.

11.

Philippe le Pot, député de la ci-devant noblesse de Bourgogne aux États-Généraux de 1484, s'exprima ainsi dans un discours qu'il prononça : « S'il s'élève quelque contestation » par rapport à la succession au trône ou à la » régence, à qui appartient-il de la décider,

» si non à ce même peuple qui a d'abord élu
» ses rois , *et en qui réside foncièrement la*
» *souveraine puissance* ? Car un état ou un
» gouvernement quelconque est la chose pu-
» blique , et la chose publique est la chose
» du peuple. Quand je dis le peuple, *j'entends*
» *parler de la collection ou de la totalité des*
» *citoyens* ». Ainsi.la souveraineté du peuple
étoit reconnue , dès le quinzième siècle , par
ceux qui faisoient usage de la raison : c'est
donc dans le peuple pris collectivement que
réside réellement la souveraine puissance.

12.

Maintenir sa liberté , ou périr avant que de
la perdre ; point de milieu pour tout homme
qui connoît sa dignité. Un peuple véritablement libre a du fer , des soldats , un courage
qui ne connoît point de milieu entre la mort et
la liberté. C'est ainsi que l'amour de la liberté
fait un peuple de héros.

13.

L'ame est libre par sa pensée , aucune puissance ne peut la circonscrire ; elle est libre
malgré les sophismes des fanatiques , les ca-
prices d'un divan , ou le cimetèrre d'un sophi.
Tibère , le plus cruel des hommes et le plus
despote des tyrans , répétoit souvent que *dans*
une ville libre, la langue et les pensées devoient
l'être aussi. Ce monstre rendoit ainsi hommage
à la vérité ; et l'on doit convenir que les Ro-

mains, autrefois fiers républicains, étoient devenus bien bas, puisqu'ils souffroient que celui qui n'avoit droit que de maintenir le bon ordre dans la république, les traitât comme les plus vils esclaves, et disposât de leurs vies et de leurs biens. Si donc il y a des ames qui soient devenues esclaves, il ne faut les chercher que parmi les hommes mal organisés, les despotes et les persécuteurs.

14.

Tibère, qui ne vouloit pas que ses concitoyens fussent libres, et se servoit de leurs bassesses pour les tyranniser, étoit lui-même excédé de leur indigne et servile prostitution. Au sortir des assemblées, il avoit coutume de dire en Grec, pour que le grand nombre ne l'entendît pas : *Ah ! les lâches, qui courent au-devant de la servitude !* Ainsi les hommes vils sont odieux à ceux mêmes dont ils se rendent les esclaves.

15.

On peut dire de la servitude ce que Seneque a dit de la colère : *Souvent elle vient nous chercher, mais plus souvent encore nous allons au-devant d'elle.*

16.

La flatterie emprunte souvent l'air de la liberté pour courir à l'esclavage.

17.

Le despotisme est si terrible, qu'il se tourne même contre ceux qui l'exercent. Henri VIII, roi d'Angleterre, avoit fait passer une loi qui déclaroit coupable de haute trahison tous ceux qui prédiroient la mort du roi ; loi d'autant plus atroce que dans le seizième siècle les médecins étoient astrologues. Aussi les médecins n'osèrent-ils jamais dire que ce prince étoit en danger, et le laissèrent mourir.

18.

C'est le privilège des esclaves soumis à un despote, de subir une égale tyrannie de la part des hommes et de la part des lois. Envain la nature parle au genre humain par la voix de la pudeur ; on a vu chez la plupart des nations qui gémissoient sous le pouvoir arbitraire, les souverains violer les lois pour énerver les mœurs publiques, et ensuite violer les mœurs pour conserver leurs lois. Une loi de Recessuinde permettoit aux enfans d'une femme adultère de l'accuser devant les tribunaux. *Leg. Wisigot. lib. 3. tit. 4.* Ainsi le législateur, pour venger un délit, se jouoit de tous les grands principes qui sont gravés dans le cœur humain ; il renversoit la nature en permettant aux enfans d'accuser leurs mères. Licurgue, qui étoit despote quand il fonda la république de Lacédémone, outragea souvent les mœurs pour donner de la permanence à ses lois ; il institua

des jeux où les jeunes personnes des deux sexes
danseroient toutes nues aux yeux de la nation :
Aristot. de Republ. lib. 2. Il obligea un citoyen
à prêter sa femme à ses amis. *Xenoph. de Republ. Lacon.* Par là le législateur de Lacédémone ouvroit la porte à des désordres affreux,
que le plus beau des systêmes de politique ne
peut pallier. Les mœurs sont antérieures aux
lois : elles sont gravées dans le cœur humain , et
sont la sauve-garde de la prospérité publique :
la vertu est préférable à des sophismes et à des
syllogismes : sans vertu , point de véritable
liberté.

19.

C'est sur des ruines et dans des fleuves de
sang que les princes ambitieux établissent leur
grandeur. Leur histoire offre par-tout des
sujets de larmes.

20.

Si l'ame des tyrans étoit visible, on la verroit
meurtrie de coups et toute saignante , parce
que la colère , l'inhumanité , les passions for-
cenées , les fausses démarches , sont autant de
bourreaux qui ne cessent de la déchirer.

21.

Les talens sans vertu , pour peu qu'il s'y
joigne d'ambition , sont le plus funeste présent
que Dieu puisse faire à l'homme. Ils ne servent
qu'à déchirer le sein de la patrie

D 4

22.

Si les premiers pas pour monter au trône
sont difficiles ; quand on les a faits, on trouve
des encouragemens et des points d'appui, parce
qu'il y a toujours des hommes vils et ambitieux
qui, pour s'élèver, vendent leur patrie. Ainsi
tout peuple qui veut conserver sa liberté, doit
avoir soin d'écarter des emplois les intriguans
et les ambitieux. On ne doit donner les places
qu'à des gens vertueux, qu'à des gens dont la
conduite est toujours d'accord avec les principes.

23.

Les lois sont un des plus fermes remparts des
états et de la liberté des peuples; mais elles doivent
être si claires, si précises, qu'elles ne laissent
aucune issue par où l'arbitraire puisse se glisser,
et donner prétexte à ceux qui doivent les faire
exécuter de s'emparer de toute l'autorité.

24.

La loi d'un peuple libre doit être le résultat
de toutes les volontés. Chacun lui obéit avec
plaisir, parce que chacun la regarde comme
son propre ouvrage, et qu'elle fait le bien de
tous.

25.

L'homme libre s'élève au-dessus de tous les

coups de la fortune. La vertu est son égide et fait sa consolation.

26.

L'adversité est pour les ames sensibles la plus éloquente des leçons.

27.

La jalousie et l'ambition étouffent la voix de la nature et portent aux plus grands excès.

28.

Il ne faut jamais se fier à ceux qui sont exercés à la dissimulation , enclins à la cruauté : la plus atroce méchanceté couvre d'ordinaire les plus belles apparences.

29.

L'humanité et la raison ont plus de force que les lois contre un préjugé barbare. Il faut faire sentir aux hommes l'absurdité de la coutume , et c'est alors seulement qu'on peut espérer que les lois seront fidèlement exécutées.

30.

L'extrême prévention équivaut par ses effets à la stupidité.

31.

Le peu d'étendue du code criminel chez une nation annonce des mœurs douces , et des mœurs douces annoncent presque toujours un bon gouvernement. .

32.

Le mépris fait tomber les injures, et le ressentiment y donne un air de vérité et fait croire qu'on les mérite.

33.

L'impunité irrite les passions des méchans.

34.

La clémence. est une cruauté , lorsque le pardon accordé aux coupables, fait le malheur des innocens ; et la justice devient alors humanité. *Pardonne tes propres injures , et venge les torts publics,* disoit avec raison Livie à Auguste. *Senec. de Clemen. c. 20.*

35.

L'ame d'un grand homme ne connoît point cette basse jalousie , qui trahit la cause commune par intérêt personnel.

36.

Rien n'est plus beau que le courage de l'homme qui défend son ami tombé dans la disgrâce , si ce n'est la générosité de celui qui défend son ennemi injustement accusé.

37.

Il ne faut pas profaner le nom de l'amitié à ce sentiment ébauché de bienveillance qu'un tyran fait paroître pour le courtisan dont les crimes lui sont utiles , de l'intéressé pour son associé , des politiques pour les factieux , du commun des hommes pour leurs liaisons , ou d'un débauché pour les compagnons de son libertinage. Henri IV eut des amis ; Gengiskan eut des adorateurs ; Tibère , le plus fourbe et le plus scélérat de tous les hommes , n'eut que des complices. Céthegus étoit aussi le complice de Catilina ; Mecène étoit le courtisan d'Octave ; mais Ciceron étoit l'ami d'Atticus. Tout ce qui se ferme à la nature , ne peut pas connoître l'amitié. Cette douce passion est un don de Dieu qui fait l'appanage des seules ames vertueuses.

38.

La passion de l'amitié voit mal : celle de la haîne ne voit point du tout ; elle est aveugle et fortifie les préventions les plus injustes.

39.

La noirceur et la méchanceté n'ont point besoin d'exemples : elles trouvent tout dans leur propre fonds.

40.

Les nœuds qui resserrent l'union de deux amis, ne font qu'animer, l'un contre l'autre, des ennemis déclarés. Des frères ennemis sont presque toujours les plus acharnés.

41.

Les amis de ceux dont on a reçu le jour, sont pour les ames honnêtes un héritage précieux, et les restes vivans de ce qu'on avoit de plus cher ; mais pour un fils ingrat, les amis de ses parens sont un objet perpétuel de haine.

42.

Rien de plus ridicule que la mal-adresse de ceux qui s'imaginent que, pouvant tout aujourd'hui, ils pourront éteindre pour les races futures les flambeaux de la vérité. Le seul moyen d'obliger la postérité à dire du bien de nous, c'est d'en faire.

43.

C'est un avantage de donner aux bruits populaires le temps de vieillir. Souvent l'innocence succombe au premier cri du public.

44.

L'homme est un être formé de passions ; elles lui seroient funestes , s'il n'étoit guidé par la raison.

45.

La loi de la nécessité est toujours la première.

46.

L'âge des grands hommes est toujours celui où ils ont été honorés.

47.

Les traîtres sont détestés de ceux mêmes qu'ils servent, parce que le même mobile peut les porter à des trahisons contraires.

48.

Les factieux sont lâches dans le malheur, monstres de barbarie dans le succès.

49.

Périr pour périr , il vaut toujours mieux être la victime de son devoir.

5o.

Comme l'avenir est incertain , les lois ne

sont applicables qu'aux fautes déjà commises ;
aussi nos ancêtres ont-ils voulu que la peine ne
marchât qu'à la suite du forfait.

51.

. Là où les lois suffisent, point de coups
d'autorité, ou il n'y a plus de liberté.

52.

Le public n'est point assez injuste pour
creuser les motifs des actions qui portent l'em-
preinte de la vertu, et qui sont utiles à l'humanité.

53.

Les flatteurs et les intrigans sont des ames
vendues à la faveur : ils sont cruels, quand il
faut l'être pour plaire et pour parvenir. Toujours prêts à fondre, comme des vautours, sur
l'innocence opprimée, ils sont un des plus
terribles instrumens de la cruauté des tyrans.

54.

Ce qu'on nomme improprement une fraude
pieuse, est véritablement une impiété. Dieu qui
est la vérité même, hait l'hypocrisie et le mensonge. Il n'y a donc que l'intérêt ou l'ignorance
qui puissent introduire les fraudes religieuses.

55.

Dans les siècles corrompus, les talens et le
mérite percent rarement.

56.

Les hommes savent jouer la haîne aussi bien que les passions.

57.

Le peuple au désespoir ne se calme guères que par une révolution.

58.

L'homme qui ne connoît pas sa dignité, s'accoutume à tout, même à l'esclavage.

59.

L'empire de la coutume prévaut souvent sur la raison.

60.

L'expérience ne déracine que lentement les préjugés les moins raisonnables.

61.

Le sentiment suffit pour faire adorer la vertu, quand elle se montre à découvert.

62.

Il ne faut pas confondre le sentiment avec le préjugé. Le sentiment est le cri de la nature, un caractère que l'auteur de la nature a gravé dans le cœur des hommes. Ainsi une mère n'aime pas son fils parce qu'on lui a dit qu'il falloit l'aimer ; mais elle le chérit heureusement par sentiment, et souvent malgré elle. C'est aussi par sentiment que nous courons au secours d'un enfant prêt à tomber dans un précipice, ou qui est exposé à être dévoré par une bête. C'est encore par sentiment que les plus grands scélérats disent involontairement, dans des momens périlleux : *Ah ! mon Dieu*. Le préjugé, au contraire, est une opinion sans jugement. Ainsi, dans toute la terre, on inspire aux enfans toutes les opinions qu'on veut, avant qu'ils puissent juger.

63.

Il y a des préjugés universels, nécessaires et qui sont la vertu même. Par tout pays on apprend aux enfans à reconnoître un Dieu rémunérateur et vengeur ; à respecter, à aimer leur père et leur mère ; à regarder les larcins comme un crime, le mensonge intéressé comme un vice, le parjure comme une impiété ; à être bienfaisans, à ne point faire à autrui ce qu'ils ne voudroient pas qu'on leur fît, avant qu'ils puissent deviner ce que c'est qu'un vice et une vertu ; et l'on a raison, parce qu'il est essentiel, pour le bonheur de la société politique, que tous ceux qui la composent soient intimement convaincus des principes de la loi naturelle, qui, dans tous les temps, ont été reçus de toutes les nations. Or, dans un âge tendre, l'homme est susceptible de toutes les

impressions

impressions qu'on veut lui donner ; c'est donc alors qu'il faut jetter dans son jeune cœur les semences de la vertu, pour élever d'invincibles barrières entre le vice et lui. Si l'on attendoit, pour lui parler de ces premiers principes, que les passions eussent gangrené son cœur, les leçons de la sagesse pourroient être trop tardives, parce que malheureusement le commun des hommes ne raisonne que d'après les premières idées qu'il a acquises, et s'en tient à ses habitudes. Il y a donc de très-bons préjugés qu'il est nécessaire de faire germer dans le cœur des hommes. Ce sont ceux que le jugement ratifie quand on raisonne.

64.

Les plus grandes ames se laissent quelquefois corrompre par la fortune.

65.

Une ame endurcie au crime est insensible au langage de la vertu.

66.

Il est facile de profiter d'un bonheur extrême ; mais il est bien difficile de réparer les grands malheurs à force de prudence.

67.

On n'embrasse souvent le bon parti qu'après avoir éprouvé les inconvéniens des autres.

E

68.

Toute la prudence humaine ne peut point enchaîner les événemens. On est presque toujours mené par les circonstances , rarement on les dirige.

69.

C'est une belle qualité de savoir bien parler; mais ce n'en est pas une moindre de savoir se taire.

70.

Trop de confiance est souvent pire que la foiblesse.

71.

Les plus grands crimes seroient regardés souvent comme un ordre du Ciel, s'il falloit juger, par les succès , de la justice des actions.

72.

Il faut avoir un excellent caractère , mais bien peu connoître le cœur humain, pour croire les hommes incapables d'ingratitude.

73.

Le génie sans culture enfante des monstres , comme la nature sauvage produit des plantes vénéneuses. La perfection de l'esprit est au véritable génie , ce qu'est le goût au talent.

74.

L'extrême désordre ramene l'ordre , mais rarement sans de violentes secousses et des effervescences dangereuses.

75.

Un grand homme fait oublier ses fautes en les réparant.

76.

Il est des bornes que la nature semble fixer aux états , et que la vraie politique ne permet pas de franchir.

77.

Tout homme coupable d'un attentat avéré , est coupable aussi des jugemens téméraires qu'on porte sur toutes ses actions.

78.

Les conventions et les sermens ne coûtent rien à ceux qui se jouent des engagemens les plus inviolables.

79.

La finesse est souvent bien opposée à la politique.

80.

Il est dangereux de donner sa confiance à des ames viles , qui n'ont que de l'intrigue sans honneur , et qui ne flattent que pour tromper.

81.

Le masque de la religion rend les fourbes très-dangereux.

82.

Une entreprise mal concertée échoue tôt ou tard , malgré les premiers succès.

83.

L'innocent est toujours foible contre des ennemis puissans.

84.

Les plus grands services sont quelque fois des sujets de haine ou de défiance.

85.

Les bienfaits inspirent de la reconnoissance, tant qu'on croit pouvoir s'en acquitter ; mais on hait , quand on ne se croit plus en état de récompenser. Ainsi le cruel Tibère fit empoisonner le vertueux Germanicus , pour lui avoir rendu de trop importans services.

86.

Rien ne fait plus de tort à la vérité, que la superstition et l'ignorance.

87.

Le vertige de la prospérité ferme souvent les yeux sur les vicissitudes du sort.

88.

La politique l'emporte d'ordinaire sur l'opinion : les hommes devroient tous être unis par les seuls liens de la nature ; mais le grand mal, c'est qu'ils ne s'unissent avec les uns, que pour la ruine des autres.

89.

Les plus habiles se laissent souvent tromper par ceux qui flattent adroitement leurs passions.

90.

Un grand homme armé contre les lois, est toujours un grand fléau. Il est affreux de voir la patrie déchirée par ceux qui devroient en être la gloire et l'appui.

91.

Les plaisirs de l'esprit ne changent pas la trempe du cœur. Néron et Charles IX offrent un exemple frappant de cette vérité : ils firent leurs délices des charmes de la poésie et de

E 3

l'éloquence ; mais ils n'en furent pas moins
des monstres de cruauté.

92.

Rien ne résiste au ridicule et à l'évidence
d'une coupable entreprise, lorsque la réflexion
succède à la fureur des partis.

93.

L'expérience est la boussole d'un sage gouvernement.

94.

La vraie vertu se fait quelquefois respecter, même lorsqu'elle déplaît.

95.

La vigueur de caractère et le courage d'esprit font les grands hommes et les vrais héros.
Ces titres ne sont dus qu'au petit nombre
d'hommes dont les vertus, les travaux et les
succès ont éclaté. Les politiques et les con-
quérans, dont aucun siècle n'a manqué, ne
sont d'ordinaire que d'illustres méchans.

96.

Telle est la misérable foiblesse des hommes,
qu'ils regardent avec admiration ceux qui ont

fait du mal d'une manière brillante, et qu'ils parleront souvent plus volontiers des destructeurs d'un empire, que de celui qui l'a fondé; du tyran qui, pour soumettre ses semblables à l'esclavage, a couvert de sang sa patrie, que de l'homme juste qui a rendu ses semblables heureux.

97.

Il y auroit de la folie de demander aux hommes une sagesse parfaite. Ce seroit, comme l'a dit un philosophe, vouloir donner des aîles à des chiens, ou des cornes à des aigles.

98.

Hors les lumières de la religion naturelle que l'auteur de la nature a gravées dans tous les cœurs, et dont tous les hommes sont convaincus, lorsqu'ils ne se laissent pas séduire par les passions, l'esprit humain n'acquiert aucune notion que par l'expérience : nulle expérience ne peut nous apprendre ni ce qui étoit avant notre existence, ni ce qui sera après, ni ce qui animé notre existence présenté, c'est-à-dire, l'union de notre ame et de notre corps. *J'existe et je n'existerai pas toujours : donc j'ai été créé par un être différent de moi, qui existe de toute éternité.* C'est une proposition évidente pour tout être qui raisonne, et cependant nous ne concevons pas l'éternité. Nous devons donc nous consoler de ce que nous ne pouvons pas tout savoir, et adorer l'Être suprême. Nous connoissons beaucoup de vérités, et nous avons trouvé beaucoup d'inventions utiles. Cette considération doit nous porter à examiner ce qui est à notre portée et à chercher ce qui peut nous être utile.

99.

Dans tous les temps on a vu les ambitieux tourner à leur profit la crédulité ou le fanatisme du peuple.

100.

Les injures sont les armes de ceux qui manquent de raisons. La meilleure réponse à y faire, est le mépris.

101.

L'utilité publique met le prix aux choses.

102.

L'amour-propre, l'intérêt, la foiblesse, changent en principes les préjugés anciennement établis, et la crainte de la nouveauté, poussée au-delà des bornes que la raison prescrit, les fait prévaloir sur des vérités utiles que le temps n'a point encore mises à l'épreuve. Mais, dès que la carrière est ouverte aux bonnes études, les progrès de la saine philosophie suivent nécessairement ceux du goût.

103.

L'esprit de parti est toujours aveugle ; l'objet qui l'enflamme lui dérobe l'importance des autres objets ; et peu importe aux factieux le suffrage des hommes équitables, pourvu qu'ils soient applaudis de ces hommes inquiets et turbulens, dont les éloges éphémères sont démentis par le jugement du public, et sur-tout par le jugement de la postérité, mais dont le suffrage sert à leurs pernicieux desseins.

104.

L'esprit et le sentiment n'ont rien de commun. Paschal croyoit toujours voir un précipice à côté de lui.

105.

Les princes ont tout à souhait, hors l'estime de la postérité. C'est le seul bien dont l'homme, véritablement homme, doit être jaloux. Qui méprise la gloire de jouir de l'estime de la postérité, méprise la vertu.

106.

La nouvelle flatterie enchérit toujours sur l'ancienne.

107.

Dans un siècle corrompu, flatter trop ou trop peu, c'est risquer également.

108.

La multitude est extrême en tout : terrible,
si elle est épouvantée; méprisable, lorsqu'elle
est domptée.

109.

Il n'y a qu'un pas de la frayeur à la superstition.

110.

Il est facile d'allier la superstition avec le
crime.

111.

La vengeance s'accorde très-bien avec la
superstition.

112.

L'orgueil blessé pardonne difficilement.

113.

Le plus déterminé passe d'ordinaire pour le
meilleur patriote, et dans les temps de trouble
ne manque jamais de prévaloir; mais l'expérience prouve souvent que ce n'est pas le bien
public qui l'anime. Le vrai citoyen dirige toutes ses actions vers l'utilité publique.

114.

L'espérance d'un bienfait opère sur les hommes, bien plus efficacement que la reconnoissance.

115.

Les hommes s'attachent à la main qui dispense les bienfaits, et pour l'ordinaire ne portent pas plus haut leur reconnoissance.

116.

La patience s'épuise bientôt, quand on ne sait pas pour combien de temps on en a besoin.

117.

C'est accréditer un ouvrage que de le proscrire. Si l'auteur blasphême contre Dieu, ou s'élève contre la loi fondamentale de l'Etat, il faut le punir. S'il rêve, il faut s'en amuser et le plaindre.

118.

La vertu des modernes ne laisse pas de mortifier certaines gens par le contraste. C'est une lumière qui blesse, parce qu'elle éclaire de trop près.

119.

Les plus grands scélérats ne se déterminent à commettre des forfaits hazardeux, qu'au défaut de moyens honnêtes pour parvenir à leurs fins.

120.

Rome ne songea à diviniser le bonheur, que quand elle cessa de le goûter.

121.

S'il est dû des temples à la Raison et à la Liberté, il en est encore plus dû à la Vertu, parce que sans la vertu la raison s'égare au gré des passions des hommes, et la liberté n'est qu'un phantôme qui disparoît dès qu'il se trouve un homme capable de faire jouer les passions de ses semblables pour les asservir.

122.

Les hommes se sont fait leurs premières lois pour réprimer l'ambition, l'injustice et la violence. L'autorité ne doit voir et employer les lois nouvelles que comme une suite des lois anciennes d'où elles découlent. Dès qu'elle n'y aura plus d'égard, le droit arbitraire forcera tout impunément: ce sera, comme dit Pope, un droit toujours ou trop fort contre le foible, ou trop foible avec les forts.

123.

Les guerres servent à augmenter ou consolider la puissance des monarques, ou aident aux ambitieux à asservir leurs semblables, en s'emparant du pouvoir souverain.

124.

Quand la loi politique qui a établi dans l'état un certain ordre de choses, devient destructrice du corps politique pour lequel elle a été faite, il ne faut pas douter qu'une autre loi politique ne puisse changer cet ordre ; et bien loin que cette dernière loi soit opposée à la première, elle y est dans le fond entièrement conforme, puisqu'elles dépendent toutes deux de ce principe, *le salut du peuple est la suprême loi.*

125.

Les guerres civiles sont un fléau pour la race présente, et une leçon pour les races futures. Cependant c'est à la suite de ces temps malheureux que les peuples, toujours armés, nourris sans cesse au milieu des périls, entêtés des plus hardis desseins, ne voient rien où ils ne puissent atteindre : les événemens heureux et malheureux, mille fois répétés, étendent les idées, fortifient l'ame à force d'épreuves, augmentent son ressort, et lui donnent ce désir de gloire qui ne manque jamais de produire de grandes choses.

126.

Dans les temps où les hommes se faisoient gloire d'être ignorans, ils ne lisoient
guères, et ne raisonnoient pas davantage :
le fanatisme et la superstition avoient alors
plus d'ascendant sur l'esprit humain, parce que
toute l'activité de l'ame se tournoit au profit
du corps, et les personnes les plus illustres
ne cherchoient à briller que par les joûtes et
les tournois. Lorsque l'habitude vint de lire,
de réfléchir et de démêler tous les genres de
sentiment, les hommes n'ayant point des idées
fixes de leur dignité individuelle, et gouvernés par les préjugés reçus, donnèrent dans
les plus grands écarts, et se crurent de grands
hommes, parce qu'ils étoient de brillans
esclaves, et savoient dorer leurs chaînes. Aujourd'hui que nous sommes libres, nous devons nous former des idées et des sentimens
conformes à notre haute destinée : nous devons véritablement étudier la nature, et nous
appliquer à être vertueux, si nous voulons
conserver la liberté que nous avons recon-
quise. Prenons garde que l'enthousiasme ne
nous fasse retomber dans la barbarie par la
licence, et que nous ne reprenions de nouvelles chaînes plus pesantes encore que celles
dont nous nous sommes débarrassés.

127.

L'esprit de cabale est si aveugle dans la
multitude, que le peuple croit tout ce que

es boutte-feux lui inspirent, et les laisse s'enrichir à ses dépens.

128.

Tout est passion dans les hommes, et ils savent tout tourner au profit de ces mêmes passions. Heureux le peuple dont la vertu est la passion dominante! Par ce moyen, il acquiert toutes les perfections dont l'humanité est susceptible. Malheureux le peuple qui, au lieu d'être vertueux, se livre à la fougue des autres passions! Il n'est pas loin de l'esclavage.

129.

L'ordre général est la première loi de la nature. Tout homme qui est convaincu des obligations que la nature lui inspire, doit donc se sacrifier à sa famille; il doit sacrifier sa famille à sa patrie, et sa patrie au genre humain.

130.

Dans un gouvernement absolu, le peuple ne trouve point de juges; il ne trouve que les satellites du despote, toujours prêts à opprimer la liberté publique, et à gouverner eux-mêmes tyranniquement.

131.

Du temps de Suétone, (*Hist. des XII Césars,*

liv. IV. n. 27.) les Romains donnoient aux Astrologues le nom de Mathématiciens. Les modernes ont aussi confondu les Sorciers et les Géomêtres, et les ont tous deux jugés dignes du bûcher. Tant il est vrai que le préjugé a souvent confondu un art fondé sur des vérités éternelles, avec l'art frivole de conjecturer ! et que les préjugés nuisent essentiellement à l'avancement de l'esprit humain ! Aujourd'hui on est généralement convaincu que les Astrologues, qu'il faut bien distinguer des Astronomes, sont des fourbes et des fripons, et qu'il n'y a pas dans le fait des sorciers.

132.

Toute gloire étrangère fait ombrage au despote ; il s'indigne du bien qu'il ne peut pas faire, comme l'eunuque du plaisir qu'il ne peut point goûter.

133.

Les courtisans sont des êtres sans caractère, qui ne pensent que d'après leur maître, et n'agissent que d'après les événemens ; ils sacrifient à l'idole qui les écrase, le mérite qui les importune : ils ne méritent pas le nom d'hommes ; dans quelque rang qu'ils soient, ils ne portent jamais que l'ame des esclaves.

134.

Il y a bien des effets merveilleux qui n'ont
de

de fondement que dans la crédulité d'un peuple qui voit mal, ét qui veut interpréter ce qu'il a mal vu.

135.

Les tyrans cherchent ordinairement à anéantir les traces des crimes qui les rendroient trop odieux aux peuples. Ils sacrifient leurs agens pour ne pas paroître leurs complices , et interdisent aux juges les pièces du procès qui constateroient leur intelligence criminelle avec leurs ministres.

136.

On souffre bien plus des sentimens qu'on inspire que de ceux qu'on reçoit. Rien n'est si humiliant que de ne pouvoir point être estimé de ceux qu'on a droit de mépriser. Un ambitieux permet le mépris, pourvu qu'il soit élevé : un homme déplacé soutient le malheur, pourvu qu'il ne soit pas méprisé.

137.

Il y a un point d'atrocité dans l'abus du pouvoir, où la loi cesse d'être désarmée, où la patrie est tout, et où le despote ne peut pas même être regardé comme un homme. Par exemple, Néron étoit parvenu à ce dernier degré de scélératesse, où il ne pouvoit être considéré que comme un ennemi du

F

genre humain, et ne devoit par conséquent trouver dans aucune espèce de gouvernement, l'impunité de ses crimes. « Il se proposa » d'envoyer poignarder tous les gouverneurs » de province, et tous les généraux d'armée; » de livrer les Gaules au pillage des soldats; » d'empoisonner le Sénat entier dans un fes- » tin, et de brûler Rome, en lâchant même » des bêtes féroces contre le peuple, afin » d'empêcher qu'il ne pût s'occuper d'arrêter » les progrès de l'embrasement. » *Suétone*, *Histoire des XII Césars, liv. VI, chap. 42.*

138.

L'incestueuse Agripine, le farouche Calife Omar, et après eux une foule d'hommes vils et méchans ont détesté la philosophie, qui ne les éclairoit qu'en leur donnant des remords; ils ont dit que le philosophe étoit le fléau des gouvernemens et des sociétés politiques. Mais, que conclure de cette assertion atroce, sinon qu'il y a des gens ennemis nés de la vérité, comme le hibou l'est de la lumière, et que la nature semble avoir dédommagé l'homme sans talens et sans vertus, en lui permettant de persécuter le génie et la vertu. Qu'on ne vienne point ici citer Hobbes, Machiavel, et quelques écrivains dont le coupable cynisme s'est tout permis : ce seroit prostituer le nom de philosophe, que de le donner à ces fléaux du genre humain. Ils ne sont artistes que dans le sens qu'ils abusent de leur esprit pour cor- rompre l'art; il faut les mettre dans le rang de ces laborieux insensés qui veulent démon- trer la quadrature du cercle, et que le vul-

gaire honore cependant du nom de Géomêtres.
La véritable philosophie est une vertu douce qui
hait le vice, et plaint les vicieux ; qui, sans
le moindre étalage, pratique exactement le
bien, qui respecte tout ce qui resserre les
nœuds de la société, qui établit une parfaite
égalité dans le monde, qui n'admet de prée-
minence que celle que donnent les qualités
de l'ame ; qui loin de haïr les hommes,
les prévient, les soulage, leur fait reconnoître les plaisirs de l'amitié par le plaisir de l'exercer, et qui tâche d'enchaîner tous
les cœurs par les liens de l'amour et de la
reconnoissance. Le philosophe n'est donc pas
l'ennemi des sociétés politiques ; mais il est
placé sur ce globe pour guérir les hommes des
maux attachés à l'existence, ou pour les consoler. Partisan de l'harmonie générale, il
conserve l'équilibre entre ses passions, vit en
paix avec le foible qui l'évite, et avec l'en-
vieux qui le persécute, et ne fonde pas ses
idées sur les lois du moment, mais sur les
rapports éternels et invariables des êtres :
il sait distinguer la morale sublime de la nature, de la morale flottante des politiques, et
de la morale atroce des fanatiques : il ne pèse
pas dans la même balance l'erreur et la méchanceté, et il éclaire le genre humain, sans
craindre qu'on le punisse du crime irrémissi-
ble d'avoir annoncé la vérité : aimant le genre
humain par intérêt et par principe, il pense,
parle et écrit avec énergie, mais il n'a jamais
que la hardiesse de la vertu. S'il est pauvre,
il rend la pauvreté respectable ; s'il est riche,
il fait de ses richesses un usage utile à la so-

ciété. S'il fait des fautes, comme tous les hommes en font, il s'en répent, et il se corrige. S'il a écrit dans sa jeunesse comme Platon, il cultive la sagesse dans un âge avancé ; il meurt en pardonnant à ses ennemis, et en implorant la miséricorde de l'Être suprême.

139.

Quand on lit les historiens, il faut se défier également de l'emphase de leurs satyres et de celle de leurs éloges. Claude, qui embellit Rome de monumens, qui la délivra par ses jugemens [*Note* 2.ᵉ] de l'oppression de ses magistrats, et qui l'éclaira par ses ouvrages, fut méprisé par les historiens de son temps, et passe encore aujourd'hui pour le plus stupide des Césars, tandis qu'Auguste, ce célèbre brigand, qui avoit été revêtu de la puissance pour ramener l'ordre dans la République romaine, et ne s'en servit que pour asservir sa patrie, et rendre le pouvoir souverain héréditaire dans sa maison, fut appelé de son temps, père de la patrie, et a encore aujourd'hui la réputation d'un prince juste. Tant le hazard ou l'injustice des contemporains influe sur la renommée des hommes ! Tant les préjugés, même littéraires, ont de la peine à se déraciner !

140.

Le devoir principal d'un historien est d'immortaliser les paroles et les actions vertueuses, et de contenir le vice par la peur de l'infamie et du jugement de la postérité. Le but de l'*histoire* est de rendre les hommes meilleurs. Ceux qui n'aiment qu'à voir des faits singuliers ou fameux, doivent s'amuser à lire des romans.

141.

La vertu est la bienfaisance envers le prochain. Je suis indigent, tu es libéral: je suis en danger, tu voles à mon secours: on me trompe, tu me dis la vérité: je suis dans l'affliction, tu me consoles: je suis ignorant, tu m'instruis. Il n'y a pas de doute que je dois t'appeler un homme vertueux. La vertu, parmi les hommes, est donc un commerce de bienfaits. Ceux qui n'ont aucune part à ce commerce ne doivent point être comptés: ce sont des monstres que la nature produit de temps en temps pour faire briller ses ouvrages. Néron, Borgia et d'autres monstres semblables ont répandu quelquefois des bienfaits comme par oubli de leur caractère ; on peut dire d'eux qu'*ils furent vertueux ces jours-là*, comme l'on dit des gens incapables d'aucune action de vigueur, sans principes, sans réputation, qui par effervescence de sang, par instinct et comme par inspiration, donnent des preuves de courage dont ils sont eux-mêmes étonnés, *tel fut brave ce jour-là.*

142.

Les remords nous sont aussi naturels que les autres affections de l'ame. Si la fougue d'une passion nous fait commettre une faute,

la nature rendue à elle-même sent cette faute.
Une fille sauvage trouvée près de Châlons,
il y a environ quarante ans, avoua que pour
le partage d'un lièvre pris à la course, elle
avoit, dans un mouvement de colère, donné
à sa compagne un coup dont cette infortu-
née mourut entre ses bras. Dès qu'elle vit cou-
ler le sang, elle se répentit, elle pleura, elle
étancha le sang, elle mit des herbes sur la
blessure. Ceux qui disent que ce retour d'humanité ne vient que de notre amour-propre,
font bien de l'honneur à l'amour-propre. Mais,
sans disputer sur les mots, qu'on nomme la
raison et les remords comme l'on voudra; il
suffit qu'ils existent, et ils nous servent à
développer les principes de la loi naturelle
que nous trouvons dans nos cœurs, et qui ont
été reçus par toutes les nations dans tous les
temps.

143.

Le fanatisme est à la superstition, ce que
le transport est à la fièvre, ce que la rage est
à la colère. Celui qui prend des songes pour
des réalités, et ses imaginations pour des pro-
phéties, est un visionnaire ou un enthousiaste.
Mais celui qui soutient sa folie ou sa croyance
par le meurtre, est un fanatique. Le plus dé-
testable exemple du fanatisme est celui des Pari-
siens qui, gouvernés par Charles IX, coururent
assassiner, égorger, jeter par la fenêtre, mettre en pièces, la nuit de la Saint-Barthelemi
1572, leurs concitoyens qui n'alloient point à
la messe. On a vu aussi les prétendus pro-
phètes des Cévennes, porter le fanatisme au

point de tuer, au nom de Dieu, ceux de leur
secte qui n'étoient point assez soumis. Être
fidèles à quelques pratiques inutiles, et infi-
dèles aux vrais devoirs de l'homme; faire certaines prières, et garder ses vices; jeûner
et haïr, cabaler, persécuter : voilà la religion
du fanatique. Celle du chrétien, selon l'Évan-
gile, est de regarder tous les hommes comme
ses frères, de leur faire du bien, de compâ-
tir à leurs foiblesses, et même de leur par-
donner le mal.

144.

Un Républicain est toujours plus attaché à
sa patrie qu'un sujet à la sienne, parce qu'on
aime toujours mieux son bien que celui de
son maître; et dans les monarchies on a érigé
en principe une chose très-fausse, que le roi
est maître de tout et peut disposer de tout.

145.

L'homme vertueux est bien plus à son aise
dans une République bien établie, que dans
une monarchie ; il n'a personne à flatter, et
peut dire librement son avis.

146.

Il est triste que pour être bon patriote, on
soit l'ennemi du reste des hommes. L'ancien
Caton, ce citoyen Romain si vanté, ne vouloit
pas que les autres pays fussent libres, mais
il vouloit les assujettir à la République ro-

maine : il disoit toujours en opinant au sénat :
iel est mon avis, et qu'on ruine Carthage.
Être bon patriote dans ce sens, c'est souhai-
ter que son pays s'enrichisse par le commerce
et soit puissant par les armes. Il est clair qu'un
pays ne peut gagner sans qu'un autre perde,
et qu'il ne peut vaincre sans faire des malheureux. Mais ce patriotisme n'est pas celui du
citoyen de l'univers, de celui qui sait apprécier la véritable liberté et qui veut la conserver à ses arrière-petits-neveux. Celui-là doit
vouloir que sa patrie ne s'étende pas aux dépens des autres, à moins que d'autres provinces n'entrent volontairement dans la confé-
dération : il doit vouloir que sa patrie ne
s'enrichisse que par son industrie et non en
violant les droits des autres états ; il doit,
en un mot, vouloir que sa patrie soit l'exemple des autres nations par ses vertus et sa
bonne administration, de manière que les autres peuples se trouvent dans sa patrie avec
autant ou plus d'agrément que s'ils étoient
dans la leur.

147.

Le bien qu'un despote fait à un peuple,
quand il l'a rendu esclave, n'est qu'une nouvelle espèce de crime ; il cherche, par cet
artifice, à le corrompre et à lui faire perdre
l'idée de recouvrer sa liberté.

148.

L'innocence et la paix de l'ame sont les

seuls biens dont l'honnête homme doive être jaloux. Tout le bonheur de la terre s'anéantit devant un remords.

149.

Par la nature, les hommes naissent libres et d'une condition égale. La force fit des esclaves, et l'usurpation fit des nobles dans le sens qu'on a entendu ce mot depuis les derniers siècles. Les citoyens de la France qui étoient libres, même depuis Clovis, sous la première, et long-temps sous la deuxième race, étoient tous d'une condition égale, soit Francs, soit Gaulois ; et cette égalité ne fut troublée que par la révolte et la violence de ceux qui usurpèrent les dignités et les emplois, et les rendirent héréditaires. Ce n'est pas qu'il n'y eût, sous les deux premières races, des hommes plus puissans que d'autres, puisque plusieurs avoient l'autorité en main pour gouverner des provinces, des villes ou des cantons, et y administrer la justice ; mais alors on ne confondoit pas l'autorité avec l'état des personnes : les distinctions dont jouissoient ceux qui possédoient, soit pour un temps, soit à vie, les dignités et les emplois, ne les rendoient pas d'une autre nature que leurs concitoyens : ils en étoient les premiers, mais n'en étoient pas séparés. Tous les citoyens libres, même les bâtards, pouvoient également parvenir aux dignités et aux emplois, et les charges de l'Etat étoient également supportées par les uns et par les autres, à la différence des temps postérieurs, où ceux qui avoient des gouvernemens, des dignités ou des emplois d'une certaine nature, les ayant rendus héréditaires par usurpation, par la loi du plus fort, établirent insensiblement le régime féodal, et dont les descendans se regardèrent comme d'un ordre bien différent que ceux qui, quoique libres, n'étoient que simples citoyens. Par là se formèrent insensiblement deux classes d'hommes, dont les uns personnifièrent la qualité de *nobles*, qui auparavant ne désignoit que l'illustration de la personne individuelle à cause de sa dignité ou de son emploi, et les autres furent, par ces ususpateurs, appelés *roturiers.* Enfin, par l'ordonnance de Blois, de l'an 1579, art. 258, il fut ordonné que *les roturiers non nobles, achettant fiefs nobles, ne seroient pour ce annoblis, ni mis au rang et degré des nobles, de quelque valeur et revenu que soient les fiefs par eux acquis.* On voit que par une nouvelle entreprise, à laquelle cette ordonnance voulut remédier, les prétendus nobles de race, pour réparer leurs finances, vendoient fort cher de leurs fiefs à ceux qu'ils qualifioient de roturiers, pour leur communiquer la prétendue noblesse ; car, pour ce qui est de dire, comme quelques-uns l'ont fait, que les nobles avoient, auparavant cette ordonnance, obtenu la permission de vendre de leurs fiefs *aux annoblis*, et non *aux roturiers*, c'est une fable qui est démentie même par le texte de l'ordonnance de 1579, qui porte que *les ROTURIERS et non-nobles, achetant fiefs nobles, ne seront pour ce ANNOBLIS ;* et de là il résulte que c'est la féodalité, introduite par les usurpateurs des

gouvernemens , dignités ou autres emplois ,
qui a créé en France la prétendue noblesse
de race , comme formant une classe d'hommes d'une extraction différente que les autres
citoyens libres.

Le point d'histoire que l'on vient de développer , a été établi par de savans écrivains
qui , quoique issus de familles soi-disant nobles , ont été assez philosophes pour ne pas
sacrifier la vérité à l'amour - propre , tels
qu'Adrien de Valois et Charles-Jean-François
de Hénault.

D'après cela , on est surpris que le célèbre
Montesquieu , dans l'*Esprit des Lois* , *liv.* 29,
ch. 25 , ait prétendu le contraire ; mais tout
ce qui en résulte , c'est que les plus grands hommes ne sont point à l'abri des préjugés , et
que l'amour-propre , l'intérêt et la foiblesse
changent en principes les préjugés anciennement établis. Tout homme qui voudra raison-
ner de bonne foi , sera convaincu que , dans
une nation telle que les *Francs* , il n'y avoit
pas d'autres hommes que des *égaux* ; et que ,
dès qu'ils l'étoient avant la conquête des Gaules , ils ne cessèrent pas de l'être pour avoir
conquis. De ce que Thégan dit à Hébon ,
que Louis - le - Débonnaire venoit d'affran-
chir , *l'Empereur t'a fait libre et non pas
noble* , Montesquieu en a conclu mal-à-propos
que , dans ces premiers temps, il y avoit une
classe de gens distinguée de celle des autres
hommes libres. L'affranchissement tiroit bien
de la servitude , mais ne plaçoit pas l'affranchi
dans l'état d'un homme *né libre* , ou *libre
d'extraction* , comme dans la supposition de

Montesquieu, un homme annobli n'étoit pas
dans la classe des nobles de race. Ainsi Thégan, auteur très-inexact, a seulement voulu
dire à Hébon : *L'Empereur, en t'affranchis-*
sant, n'a pas fait que tu n'aies point été esclave,
et ne t'a pas donné les droits d'un noble ;
c'est-à-dire, d'un homme né libre, qui a droit
de prétendre à toutes sortes de dignités. Car,
dans les premiers temps, le mot *noble* ne désignoit autre chose qu'un Franc d'origine, ou
Gaulois, revêtu d'une dignité ou d'un emploi,
comme qui diroit *une personne illustre ;* et ce
qui confirme cette vérité, c'est qu'il n'est fait
aucune mention des *nobles* dans la *loi salique,*
ainsi que l'observe très-bien le célèbre Adrien
de Valois.

N. B. Il a paru utile de développer ce principe, pour dégager certains esprits des préjugés qu'ils s'étoient formés sur leur prétendue
naissance, et leur faire sentir que la nation,
en abolissant la noblesse usurpée, n'a fait
que rétablir le Français dans sa dignité d'homme
libre, même telle qu'elle étoit reconnue dans les
premiers temps de la monarchie. Il faut, en
vérité, renoncer aux simples lumières du bon
sens, pour se persuader qu'une nation libre,
et par conséquent d'hommes égaux, ait con-
senti à se partager en deux classes, dont l'une
passeroit pour être d'un sang plus pur, comme
ayant les vertus héréditaires dans sa caste ; et
l'autre devroit être flattée d'un regard de cette
classe privilégiée, qui seule jouiroit de tous
les honneurs, et ne seroit pas sujette à supporter les charges de l'Etat, comme la seconde.

Un peuple libre se donne des chefs, parce que
la multitude ne peut pas gouverner; mais ces
chefs qui, par leurs talens ou leurs vertus,
ont été choisis pour gouverner, ne forment
pas, par le fait, une caste différente de la
classe commune des citoyens libres; ils ne
sont les premiers parmi leurs égaux, qu'autant qu'ils sont en place; et la considération
personnelle que la place ou les vertus donnent, ne passe point à leurs descendans. Cela
est, par le seul exposé, d'une évidence qui saisit. Il n'y a donc que l'oubli de la dignité de
l'homme libre, l'usurpation et la violence qui
aient pu créer insensiblement une caste privilégiée, dont la condition seroit distinguée de
la classe ordinaire des hommes libres. La flatterie qui corrompt tout et court à grands pas
vers l'esclavage, a fait donner aux personnes
en place des qualités, et ceux qui étoient en
place, ayant profité de l'ascendant qu'ils
avoient sur leurs égaux, pour rendre ces places héréditaires, leurs descendans se sont attri-
bué, comme état et condition, les qualités
qui avoient servi uniquement à honorer les
places. Les écrivains, qui d'ordinaire sont les
plus lâches des flatteurs [*Note* 3.e], parce
qu'ils veulent que leurs adulations envers les
personnes puissantes tournent à leur intérêt
personnel, ont favorisé les usurpateurs, et
corrompu même pour cela les monumens de
l'histoire; et ceux qui les ont suivis, ne re-
montant point à la source des choses, ont,
sans examen, répété leurs fables. De là vient
que presque tous les auteurs disent hardiment
qu'il n'y a point de nation policée qui n'ait eu

quelque idée de la noblesse. Par-tout où ils ont vu des tyrans, ils ont trouvé une noblesse établie. Aux Indes , au Pérou, au Mexique, sur les côtes du Malabar , dans toutes ces contrées où les hommes sont cruels , orgueilleux et superbes , ils ont vu des nobles ; ils ont même prétendu que ceux qui gouvernoient le peuple juif , étoient de vrais nobles ; que la loi juive attachoit la noblesse aux aînés de famille et aux Rabbins ou Prêtres de la Synagogue. On ne peut que mépriser aujourd'hui et l'esprit servile des écrivains qui ont publié de pareilles inepties , et l'orgueil des citoyens qui se croient pêtris de toute autre pâte que les autres hommes libres. La vertu et les talens doivent seuls distinguer les hommes libres , ou l'on n'est pas loin de la servitude , parce que l'ambitieux cherche toujours à s'élever au-dessus de ses semblables , et à les assujettir.

[*Note* 1ere. *page* 49.]

L'ordre admirable qui règne dans le monde, prouve à tout être raisonnable l'existence de Dieu. C'étoit le raisonnement de Platon : c'est celui de Newton et de tous les vrais philosophes. Il est nécessaire pour toute société politique que l'idée d'un être suprême, créateur, gouverneur, rémunérateur et vengeur, soit profondément gravée dans les esprits et le cœur des hommes ; je ne voudrois pas, dit un philosophe, avoir à faire à un prince athée qui trouveroit son intérêt à me faire piler dans un mortier ; je suis bien sûr que je serois pilé. Je ne voudrois pas, si j'étois souverain, avoir à faire à des courtisans athées, dont l'intérêt seroit de m'empoisonner ; il me faudroit prendre au hasard du contre - poison tous les jours. L'athéïsme n'auroit pas des suites moins funestes dans une république que dans une monarchie. Voyez ci - dessus, pages 38 et 40. Les hommes qui n'auroient pas le frein d'une vie future, ne pourroient pas vivre long-temps ensemble, parce que l'intérêt particulier détruiroit la société, les lois ne pouvant rien contre les crimes secrets. L'athéïsme est donc un monstre très-pernicieux dans la société. S'il n'est pas aussi funeste que le fanatisme, parce qu'il ne peut pas séduire autant de personnes, il est presque toujours fatal à la vertu. Le plus digne hommage qu'on puisse rendre à l'être suprême, c'est d'être vertueux ; un cœur pur est le plus beau de tous ses temples.

(*Note* 2.e, *page* 84.)

Un jour Claude refusa de noter d'infamie un Chevalier Romain, qui s'étoit acquis une célébrité odieuse par son libertinage, mais qui faisoit les délices de son père par son caractère ; il se contenta de dire que *la nature lui avoit donné un censeur.* Un autre jour, sur les instances de ses amis, il effaça, mais légérement, une note ignominieuse dont il avoit flétri un citoyen, en disant :

il faut du moins que la rature paroisse. Dans une cause où la vérité étoit problématique, il ordonna à une mère, qui refusoit de reconnoître son fils, de l'épouser, afin de la contraindre, par cet artifice, à laisser échapper quelques sentimens de la nature, et par là il la força de rendre hommage à la vérité. Suétone, liv. V, chap. 17 et 19, blâme injustement cette conduite de Claude, qu'il qualifie de singulière et d'inconséquente. Il est évident, au contraire, que dans le premier cas, ce prince rendît un hommage authentique aux lois romaines, fondées sur le despotisme des pères plutôt que sur celui des souverains; que, dans le second cas, il se montroit indulgent sans cesser d'être juste; et que, dans le troisième cas, son jugement fut aussi sage que celui de Salomon, sans paroître aussi barbare.

(NOTE 3.ᵉ , *page* 93.)

Après que Néron, dont le nom paroît aux plus cruels tyrans une cruelle injure, eut fait assassiner sa mère, Sénèque le philosophe eut l'infamie de faire, dans le Sénat, l'apologie du parricide..... Les Romains remercièrent les Dieux d'avoir donné à leur prince la force de le commettre; ils couvrirent les autels d'offrandes, et osèrent présenter au ciel l'encens d'un si abominable sacrifice...... Quel sujet de méditations pour l'homme sage qui lit l'histoire, tant ancienne que moderne !

F I N.

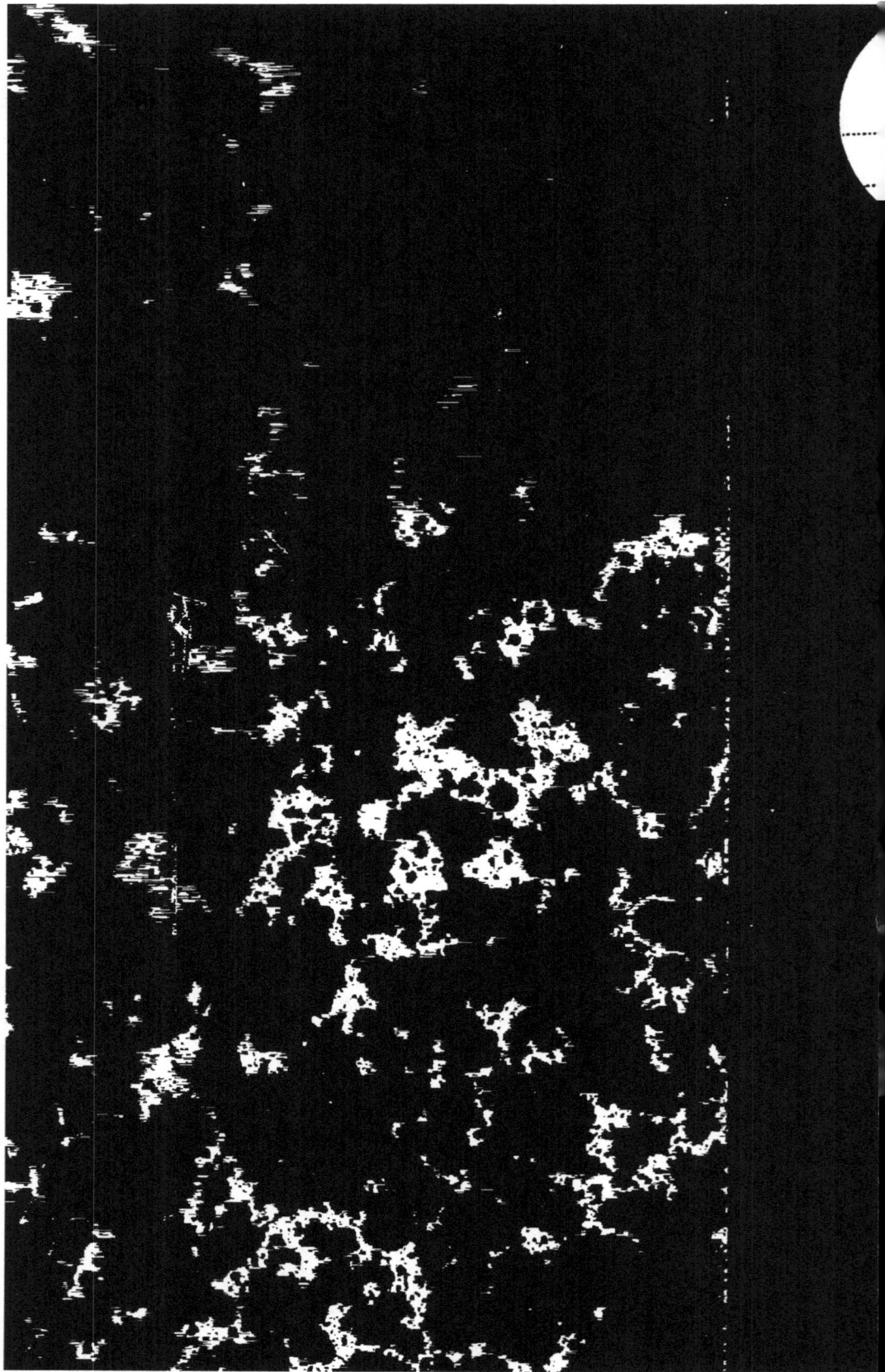

www.ingramcontent.com/pod-product-compliance
Lightning Source LLC
Chambersburg PA
CBHW060640100426
42744CB00008B/1709